국역 조선부 朝鮮賦

초판 1쇄 찍은 날 2013년 5월 31일
초판 1쇄 펴낸 날 2013년 6월 10일

지은이 동월(董越)
옮긴이 김영국
펴낸이 송광룡
펴낸곳 도서출판 심미안
주 소 503-821 광주광역시 동구 학동 81-29번지 2층
전 화 062-651-6968
팩 스 062-651-9690
메 일 simmian21@hanmail.net
등 록 2003년 3월 13일 제05-01-0268호

값 15,000원
ISBN 978-89-6381-098-0 93150

조선부는 성종 19년(1488년) 명의 우서자 겸 한림시강 동월(董越)이 반조정사(頒詔正使)로서 조선에 왔다가 우리나라의 산천, 풍속, 인물, 물산 등에 대한 자료를 수집하여 가서 사영운(謝靈運)의 산거부(山居賦)를 모방하여 글을 짓고 자신이 직접 주석을 붙인 부(賦)이다.

국역 조선부 朝鮮賦

동월 지음 · 김영국 옮김

심미안

| 옮긴이 서문 |

　필자가 1994~1995년, 북경대학에서 박사 후 연구를 할 때 자주 들르던 곳이 도서관 고적 선본실이었다. 그곳에서 여러 자료들을 자유롭게 열람할 수 있었는데, 그때 보았던 자료 가운데 하나가 『조선부』였다. 1662년에 필사된 것으로 필사자의 이름을 따라 주기초본(朱琦抄本)이라고 이름 붙여 관리하고 있었다. 오래된 고적은 복사할 수 없고 당시 마이크로필름으로 비치되어 있지도 않았기에 북경대학출판사에서 간행한 『국조전고(國朝典故)』(1993) 한 질을 구하여 下책 1844~1856면에 수록된 『조선부』와 대조해 보는 수밖에 없었다. 대조하여 서로 다른 부분을 국조전고 소재 조선부의 공란에 주서해 두었다.
　지금까지 『조선부』는 두 번 번역된 적이 있다. 한 번은 『신증동국여지승람』을 국역하며 거기 소재된 부분을 번역하였고, 또 한 번은 윤호진(尹浩鎭)에 의해 1995년(도서출판 까치)에 완역되었다. 윤호진 번역본에 힘입은 바 크다.
　이 번역본의 저본은 북경대학 소장 주기초본으로 위 두 번역본의 저본과는 다르다. 사고전서에 조선부도 포함하여 편찬되었는데, 이 저본은 사고전서 편찬 전의 필사본이라는 점에서 의의가 크다.
　선사 항남 김봉영(恒南 金琒永, 1921~2006) 선생께서는 "종종 고전의 확연한 정체성(identity)은 비교 대조 중에 발견된다."라고 하셨다. 이 번역본이 다른 이본들과 비교 대조되는 가운데 『조선부』의 정체성이 드러나기를 기대하며 이 번역본을 낸다. 북경대학 도서관 선본실의 자료 제공이 없었다면 이 책이 출판되기는 어려

웠을 것이다. 이 자리를 빌려 감사드린다.

   졸고의 출판을 흔쾌히 승낙해 준 심미안 송광룡 대표, 기쁜 마음으로 자신의 글인 양 교정해 준 아들 경수, 딸 어진, 원고의 전산 작업을 도와 준 아들 은수에게 감사한다. 묵묵히 나를 도와온 아내 정은희에게 감사한다.

                                      2013. 5. 31. 어머님의 명복을 빌며 김영국

| 해제 |

　『조선부(朝鮮賦)』는 성종 19년(명 弘治 원년, 1488)에 명의 우서자 겸 한림시강(右庶子兼翰林侍講) 동월(董越, 1430~1502)이 반조정사(頒詔正使)로서 조선에 왔다가 우리나라의 산천, 풍속, 인물, 물산 등에 대한 자료를 수집하여 가서 사영운(謝靈運)의 산거부(山居賦)를 모방하여 글을 짓고 자신이 직접 주석을 붙인 부(賦)이다[1].

　동월의 자는 상구(尙矩), 강서성(江西省) 영도현(寧都縣) 전두진(田頭鎭) 황방촌(璜坊村) 사람으로 뒤에 영도현성(寧都縣城) 동옥항(董屋巷)으로 이사하였다. 성화(成化) 5년 기축(己丑, 1469), 진사 3등으로 등제하여 한림원 편수(翰林院編修)에 제수되었다. 두 차례 고관에 임명되어 왕오(王鏊), 양저(梁儲) 등을 발탁하였는데, 다 일대 명신이 되었다.

　홍치 원년, 조선에 사신으로 나갔을 때, 조선에서 그에게 주는 물품을 하나도 받지 않았다. 조선의 민정과 풍속을 기술한 『조선부』는 내용이 아주 풍부하고 문채가 넉넉하여 국인이 널리 전송하게 되었다. 벼슬은 남경공부상서(南京工部尙書)에 이르렀고 죽자

---

1) 『성종실록』 19년 윤 1월 28일(계사)조에 "賀登極使盧思愼……對曰: 朝廷安靜, 民庶殷富, 皇帝嚴明, 羣臣祗懼. 臣前爲書狀官赴京時, 關外民居鮮少, 今則閭井稠密. 臣且聞今來上使長於詩, 副使精於經學. 十一日十九日間, 當發程矣."라고 하였고, 2월 29일(계해)조에 "遠接使許琮馳啓曰: 正使董越, 年五十八, 江西蘷州人, 登己丑進士第二名. 副使王敞, 年三十六, 居南京城內, 登辛丑進士. 正使性和厚, 副使性明察, 至於接人, 皆恭謹致禮. 二十五日, 臣與兩使同夕食, 正使語臣曰: 舊聞朝鮮讀書知禮, 今見宰相行禮, 方信前聞之不誣. 及行酒, 亦再三言之."라고 하였다.

나라에서 장사지내어 주고 태자소보(太子少保)에 추증하여 문희(文僖)라 시호하였다.

문연대학사(文淵大學士) 이동양(李東陽)이 동월의 묘지명을 써 동월의 시문을 "청초 간결하여 진속을 벗어났으며 이해하기 어렵거나 괴탄한 말이 없다."고 칭송하였다. 동월이 어려서 외롭고 가난하였으나 깊은 효도로 어머니를 받들었다. 성품이 기욕이 적고 돈후 절검하였으며 풍채가 품위 있고 언행이 법도가 있었으며 다른 사람의 선을 말하기 좋아하고 뒤에서 다른 사람의 단점을 말하지 않았으며 경솔하게 허락하지 않았다. 자기의 재능을 자랑하여 남의 단점을 드러나게 하는 것을 부끄럽게 여겼고 자신을 경계하기를 잊지 않았다. 저서 『사동일록(使東日錄)』, 『규봉문집(圭峰文集)』, 『동문희공집(董文僖公集)』 등이 전한다. 그의 생애 약전은 『중국인명대사전(中國人名大辭典)』과 『중국문학가대사전(中國文學家大辭典)』에 실려 있다.

동월은 홍치 원년 정월 중순에 명 효종(孝宗)이 조서를 갖고 부사인 공과우급사중(工科右給事中) 왕창(王敞) 등 13인과 함께 조선에 사신으로 왔다.

2월 25일에 압록강을 건너 3월 13일에는 모화관에 도착하였다. 조선에 40여일을 머무르다 4월 5일에 중국으로 돌아가기까지의 사이에 그가 본 조선의 풍물과 산천에 대해 기록한 것이 『조선부』이다.

상당 부분 접반사 허종(許琮)이 제공한 자료에 터하여 기술하였는데, 그에 대한 기록은 『성종실록』 19년 3월 5일조, 3월 18일조, 3월 19일조에 자세히 나타나 있다. 3월 5일의 예를 보면 "사신이 『대명일통지』에 실려 있는 조선의 풍속이 잘못 기재되어 있으므로 중국에 돌아가면 선제의 실록을 편찬할 때에 수정해서 수록하겠다며 허종에게 자세한 기록을 청하였다."고 하였고2), 3월 18일조에는 "상

---

2) 『성종실록』 19년 3월 5일(기사)조에 "遠接使許琮馳啓天使動止. 且曰: 天使

제, 직전, 개가한 여인의 자손을 금고하는 일도 해당 부서로 하여금 기록하여 보내 주면 선제 실록 편찬 시에 고치겠다."고 하였으며3), 3월 19일조에는 "전에 부탁한 성균관의 학령을 기록해 왔는가 묻고 다시 조선의 풍속에 대해 관심을 표명하면서 선제 실록 편찬 시에 기록하겠다."고 하였다. 이들 기사의 내용으로 보아 동월과 왕창은 풍속이나 제도 등 관심 있는 부분을 자세하게 묻고 이의 기록을 접반사였던 허종에게 청하였음을 알 수 있다.

『성종실록』 25년 6월 23일 임술조의 "원접사 노공필(盧公弼)이 복명하고 동월이 지은 『조선부』를 올려 인쇄하여 바치라는 명을 받았다."라는 내용으로 보아, 성종 23년(1492)에 동월은 중국에서 성종 19년(1488)의 견문기를 책으로 내 한 부를 허종에게 기증하였고, 조선에서는 이를 저본으로 하여 갑진자로 간행하였다.

중종 26년(1531)에 다시 성종 23년본을 참조하여 목판으로 간행한 것이 국립중앙도서관의 일산문고본이며, 이의 판본은 현재 여러 도서관에 많이 남아 있다. 1937년 조선사편수회가 중종 26년본을 저본으로 하여 조선사료총간의 15책으로 영인 간행하였다.

『조선부』에서 동월은 조선을 기자의 유풍을 간직한 유학을 숭상하는 문화의 나라라고 하였으며 또 잡희와 연회 상차림을 상세

渡博川江時, 臣從容談話, 因語之曰: 吾見『大明一統志』, 書我國風俗, 或云 父子同川而浴, 或云男女相悅爲婚, 是皆古史之言, 今我國絶無此風, 『一統志』因古史書之, 無奈不可乎? 副使曰: 老董先生當修先帝實錄, 如此事改之何難? 正使曰: 當書本國今時風俗, 而仍載古史之言不可. 本國美風俗, 盡錄與我, 則修實錄時, 當奏達載之."라고 하였고, 3월 20일(갑신)조에 "下書于伴送使許琮曰: 我朝良法美俗, 今錄去如卿所啓. 其以是囑天使."라고 하였다.
3) 『성종실록』 19년 3월 18일(임오)조에 "伴送使許琮辭, 仍啓曰: 臣在路上, 與天使言本國風俗. 天使云: 修先帝實錄時, 當載之矣. 此雖不可信, 使本國美俗傳播中朝, 亦幸矣. 如喪制職田再嫁女子孫禁錮事, 令該曹盡錄, 送付於臣, 則臣與天使閑話時, 欲以此囑之. 傳曰: 當如卿啓."라고 하였다.

하게 묘사하여 조선이 얼마나 정성스럽게 사신을 대접했는지도 상술하였다. 이를 통해 중화 안의 조선이 그 나름의 고유한 문화를 지닌 독자적인 나라임을 드러냈다. 종전의 막연한 이미지를 탈피하여 구체적인 조선의 진면을 널리 알리는데 기여하였던 것이다.

그는 약 40일간의 짧은 체류 기간이지만 조선에 대해 깊은 감명을 받았고 또 많은 애정을 느꼈다4). 이러한 감명과 애정이 조선을 중화에 널리 알리고자 하는 적극적인 창작 의지로 이어져『조선부』를 낳았던 것이다. 동월 이후에 조선에 온 사신들에게『조선부』는 실로 문학 외교의 전범이 되어 사신들의 문학 창작 의지를 북돋아 장편 시나 연작시로 조선의 자연과 문물을 중화에 알리는 것이 사신의 본무가 되게 하였다.

동월은 조선 사행 여정을 회상 형식으로 4장 25단락, 464구로 서술하였다. 짓는 데 거의 1년, 간행하기까지 또 3년이 소요되었다. 이렇게 해서 지어진『조선부』는『황화집(皇華集)』에 소재한 어느 작품보다도 널리 알려져 오늘에 이르고 있으며, 동일을 지금까지도 기억하게 만든 빼어난 작품이다5).

---

4) 『성종실록』19년 4월 9일(임인)조에 "伴送使許琮馳啓曰:(중략)到鴨綠江上設餞宴, 兩使語通事孫重根曰: 殿下向朝廷, 盡其誠敬. 臨別兩使語臣曰: 多蒙賢王厚意, 感激而歸. 臣送至舟中, 相別之際, 兩使皆有悽然之色. 正使則含淚不能言."라고 하였다.

5) 『欽定四庫全書』史部11,『朝鮮賦』地理類10,「提要」에 "臣等謹案『朝鮮賦』一卷, 明董越撰, 越字尙矩, 寧都人, 成化己丑進士, 官至南京工部尙書, 諡文僖. 孝宗卽位, 越以右春坊右庶子兼翰林院侍講, 同刑科給事中王敞, 使朝鮮, 因述所見聞以作此賦, 又用謝靈運『山居賦』例, 自爲之註所言, 與『明史』『朝鮮傳』, 皆合知其信而有徵, 非鑿空也. 考越自正月出使, 五月還朝, 留其地者, 僅一月有餘而凡其土地之沿革, 風俗之變易, 以及山川亭館人物畜産無不詳錄, 自序所謂得於傳聞周覽與彼國所具風俗帖者, 恐不能如是之周匝. 其亦奉使之始, 預訪圖經, 還朝以後, 更徵典籍參以耳目所及, 成是製乎. 越有『文僖集』四十二卷, 今未見其本. 又別有『使東日錄』一卷, 亦其往返所作詩文. 然不及此賦之典核別

이제 각 장별로 내용과 형식을 살펴보면 다음과 같다.

첫 장은 총론 부분으로 조선에 대한 예비적 고찰이라고 할 수 있다.

단락	내용	구분	구절 수	운자
1	조선의 위치와 지형	처음 - 所以獨蒙昭代之深恩也	18	元
2	조선의 풍속 개관	-而亦視中國爲之則傚也	24	效

조선의 위치와 지형, 팔도에 대한 개략적 설명을 통해 독자의 이해를 도운 다음 둘째 단락에서 조선의 교육, 선비, 농사, 교역, 조세, 성균관, 과거, 경로, 삼년상, 향음주례, 혼인, 양반, 도박 금지, 제사 등에 대해 서술하였는데, 자주(自注)에서 밝혔듯이 접반사 허종이 준 『풍속첩』에 터하여 쓴다고 하였다.

둘째 장 전반부에서는 왕도까지 오는 길에 본 산천과 견문을 노정에 따라 읊고 나서 후반부에서 왕도 도착과 조선부의 핵심 부분이라고 할 수 있는 사행 임무 수행을 상술하였다.

단락	내용	구분	구절 수	운자
3	의순에서 평양까지	- 又近移北山之疊嶂也	16	刪, 漾
4	평양의 산수와 유적	- 爲其繼世傳緒也	38	陌, 蕭, 陽, 虁
5	기자묘	- 而備物之禮亦疏也	12	魚, 虞
6	대동강에서 자비령까지	- 至國朝乃示以無外也	14	灰
7	봉산에서 개성까지	- 乃請復舊號於朝鮮也	26	先

本孤行, 此一卷固已足矣."라고 하였다.

단락	내용	구분	구절 수	운자
8	왕도 도착과 환영 행사	－而皆不若此之善且美也	38	眞
9	태평관에서의 일상	－ 而爲禮不得不優也	14	尤
10	근정전에서	－ 而惟視氣勢以爲雄也	12	東
11	조서 반포와 국왕의 환영사	－矧淸光日近乎當宁也耶	28	慶
12	연회의 모습과 작별	－ 惜不爲予黨所解也	36	緝, 支, 豪, 賄

　지도를 보며 그 노정을 살펴보면 압록강을 건너 의주 의순관에서 출발하여 선천 → 정주 신안관 → 박천 → 안주 안흥관 → 숙천 → 순안 안정관 → 평양 → 중화 생양관 → 봉산 검수관 용천관 → 평산 보산관 금암관 → 개성 → 파주 → 벽제관 홍제관 → 한성 모화관에 노착하기까지 18일(2월 25일부터 3월 13일까지)이 걸렸다.
　노정에 따라 산천과 누대 등을 서술하였고 특히 평양과 개성의 산수 경관과 문화 유적을 노래하는 데 많은 지면을 할애하고 있다. 또한 평양의 토양, 식생, 명승, 유적 등을 직접 서술 방식으로 시각화하여 그려냄으로써 독자가 조감하며 읽어 내려갈 수 있게 하였다. 개성이 전 왕조의 수도였고 지금은 유수부임을 염두에 두고 영묘한 산세, 번성한 민가, 뿌리 깊은 문화, 긍지 높은 기풍을 상세하게 서술하였다.
　왕도에 들어서면서 왕도의 산세와 지형을 개괄하고 도착해서는 사신을 맞이하는 백희 가무, 사신의 본 임무에 해당하는 조서 반포, 연회 의전 장관 순으로 나누어 파노라마식으로 기술하였다. 특히 사신을 환영하는 백희 가무는 원래 그 규모가 대단했지만 대부분의 사신들은 이에 대해 한두 구 간단한 시문을 남겼을 뿐이다. 반면 동월은 백희 가무에 대해 12구에 걸쳐 상세하게 읊어 조선의 뛰어난 기예 문화를 중국에 소개하였다. 또한 연회의 상차림까지도 세심한 필치로 묘사해냈다.

후반부인 셋째 장은 회상의 형식으로 서술하였다.

단락	내용	구분	구절 수	운자
13	성균관을 회상함	- 徒有進造爲朋儕也	14	職,佳
14	한강 경치를 유람함	- 出百年之幸也	12	梗
15	시가지의 모습	-而結構惟其所欲也	8	屋
16	관가의 모습	-予但據所見而直書也	10	虞
17	가난한 백성의 집	-而視鷦鷯亦可託一枝之安也	8	寒
18	부유한 백성의 집과 풍습	- 而不必深考細論也	16	元
19	백성들의 머리 모습	-欲其露所以戴弁皆前也	8	先
20	행차 시 백성들의 모습	- 宜於此皆以手擧扶也	18	虞
21	부녀자들의 모습	其未見則莫得而詳也	18	陽
22	전에 들었던 풍속과 다른 점	-有如漢廣之不可方也歟	6	陽
23	자연 산물	- 而爲用亦各有適也	40	肴,豪,寒,錫
24	공예품과 특산품	-而亦由其琛贄之絡繹也	20	東,陌

3월 13일에 왕도에 도착하여 18일에 전별연이 있었다고 하였으니 왕도에 머무른 기간은 6일이다. 이 6일간의 임무를 완수하고 나서 중국에 돌아가 앞서 듣고 보았던 조선에서의 인상 깊었던 여정들을 뒤에 회상하여 내용별로 운을 나누어 가며 순차적으로 서술하였다. 성균관의 모습과 학제, 한강의 경치와 유람, 도성의 시

가지 모습, 관부 및 관사와 객사, 백성들의 집과 생활상, 옷차림, 동식물, 먹을거리, 특산물 등을 상술하였고 자세한 주석도 더했다.

넷째 장은 맺음말에 해당된다.

단락	내용	구분	구절 수	운자
25	맺음말	- 끝	10	眞

동월은 여기에서 자신이 조선에서 본 것은 창해의 물고기 한 마리에 불과할 정도로 적지만, 그래도 속이지 않고 보고 들은 대로 적었으니 사신의 임무에 부끄러움이 없다고 하였다.

| 차례 |

옮긴이 서문　　　　　　　　　4
해제　　　　　　　　　　　　6

조선부 서　　　　　　　　　19

조선부　　　　　　　　　　22
　　제1장 조선의 지리와 풍속　　24
　　제2장 조선의 산천과 사행 임무　33
　　제3장 조선을 회상함　　　　67
　　제4장 맺음말　　　　　　　91

조선부 후서　　　　　　　　92

조선부 중간 발　　　　　　　96

부록　　　　　　　　　　　　99
　　주기초본(朱琦抄本) 조선부
　　사고전서(四庫全書) 조선부

조선부(朝鮮賦)

조선부 서
조선부
조선부 후서
조선부 중간 발

| 조선부 서 |

朝鮮賦序
弘治元年6)春, 先生圭峰董公7), 以右庶子兼翰林侍講, 奉詔使朝鮮國, 秋八月8)歸, 復使命. 首尾留國中者不旬日, 於是宣布王命, 延見其君臣之暇, 詢事察言, 將無遺善. 餘若往來在道, 有得於周爰諮訪者尤多. 於是遂其所得, 諸乎日所聞, 據實敷陳, 爲使朝鮮賦一通, 萬有千言, 其所以獻納於上前者率皆此意, 而士大夫傳誦其成編, 莫不嘉歎以爲鑿鑿乎可信, 而郁郁乎有文也.

홍치 원년 봄에 선생 규봉 동공이 우서자 겸 한림시강으로 조서를 받들고 조선국에 사신 갔다가 가을 8월에 돌아와 사명을 복명하였다. 전후 국중에 머무른 지 열흘 안에 왕명을 선포하고 그 군신을 인견할 제 일을 묻고 말을 살펴 좋은 것을 빠뜨리지 않으려 하였다. 나머지는 왕래하는 길에서 두루 묻고 찾아 얻은 것이 더 많다. 마침내 그때 얻은 것과 평소 들은 것을 사실에 터하여 상세하게 서술하여 『조선부』 한 편 만천 언을 지어 상께 헌납한 것도 다 이런 뜻에서인데, 사대부들이 그 완성편을 전송하며 가탄하지 않는 이가 없었으니 명확하여 믿을 만하고 아름다워 문채가

---
6) 명 孝宗 연호. 1488년(조선 성종 19).
7) 董越(1430~1502).
8) 정월 중순에 북경을 출발하여 약 40일 후인 2월 25일에 압록강을 건너 3월 13일에 모화관에 도착하였고, 다시 4월 5일에 압록강에 도착하였다고 하였다. 그렇다면 5월 중순에는 북경에 도착하였을 것이다. 따라서 여기 '秋八月'은 '夏五月'의 오기일 것이다.

있었기 때문이다.

傳曰賦者敷陳其事而直言之, 先生文體有焉, 而叔孫穆子9)所稱使職 如諏謀度詢10)必咨于周者11), 備見言表, 是雖古昔聖王12)雅歌所陳, 不 過是矣. 初先生之出祖也, 鵬13)嘗竊附贈言, 有模寫 山河誦太平之句, 蓋深冀先生必有以大鳴國家之盛.

『시전』에 부란 그 일을 상세하게 서술하여 직언하는 것이라고 하였는데, 선생의 문체가 바로 이러하여 숙손목자가 말한 사신 직 분은 묻고 상의하며 헤아려 의견을 묻되 반드시 두루 물어야 한다 함이 언표에 드러나 있으니, 옛 성왕의 우아한 노래에서 서술한 것도 이에 지나지 않는다. 처음 선생이 길을 뜰 때, 붕이 드린 말 가운데 산하를 묘사하고 태평을 노래한다고 하는 구절을 넣었는 데, 선생께서 반드시 국가의 융성함을 크게 떨치기를 깊이 바란 것이다.

比先生還朝, 而鵬守制, 未獲與聞述作, 茲幸得覩是賦於邑司訓王君 本仁 所, 捧讀數四, 揄揚莫旣. 本仁敬與予同年吳大尹德純, 爲壽梓以 傳, 屬引其端, 此正門墻效勤時也, 遂不敢以僭陋辭.

선생이 조정으로 돌아왔을 때, 붕은 상중에 있어 술작을 듣는 곳에 참여하지 못하였는데, 이제 다행히 읍사훈 왕본인 군이 이

---

9) 춘추 魯 대부.
10) 『시경』「小雅」, "皇皇者華"의 요지.
11) 『춘추』襄公 4년조에 "皇皇者華, 君敎使臣曰, 必諮於周, 臣聞之, 訪問於善爲咨, 咨親爲詢, 咨禮爲度, 咨事爲諏, 咨難爲謀, 臣獲五善, 敢不重拜?"라고 하였다.
12) 周 文王.
13) 이 글을 쓴 동월의 문인 歐陽鵬.

부를 보여 주어 받들어 읽다보니 몇 행에도 찬양이 절로 나온다. 본인이 삼가 나의 동년 오대윤 덕순과 함께 판각하여 길이 전하려고 서문을 부탁하기에 지금은 바로 제자로서 부지런히 배워야 할 때이지만 차마 보잘것없는 글을 사양하지 못한다.

時弘治三年十二月八日　賜進士第翰林院庶吉士門人泰和歐陽鵬拜手謹書

홍치 3년(1490) 12월 8일, 사진사제 한림원 서길사 문인 태화 구양붕은 절하며 삼가 적는다.

| 조선부 |

朝鮮賦
奉議大夫右春坊右庶子兼翰林院侍講寧都董越撰
賜進士文林郞知泰和縣事石埭吳必顯刊行
徵仕郞中書舍人孫男韓重刊

賦者, 敷陳其事而直言之也14). 予使朝鮮, 經行其地者浹月有奇. 凡山川風俗人情物態, 日有得於周覽諮詢者, 遇夜輒以片楮記之, 納諸巾笥, 然得此遺彼者尙多. 竣事道息肩公署者凡七日. **以東八站兼程之苦, 且欲爲從者浣衣故爾**. 乃獲參訂於同事黃門15)王君漢英所紀, 凡無關使事者悉去之, 猶未能底於簡約, 意蓋主於直言敷事, 誠不自覺其事之繁且蕪也. 賦曰:

봉의대부 우춘방 우서자 겸 한림원시강영도 동월 찬
사진사 문림랑 지태화현사 석태 오필현 간행
징사랑 중서사인 손 남한 중간

'부'라는 것은 사실을 그대로 펼쳐서 곧바로 말하는 것이다. 내가 조선에 사신으로 가 그 땅을 지나간 것이 달포가 넘는다. 무릇 산천, 풍속, 인정, 물색을 날마다 둘러보고 물어보아 얻은 것을 밤

---

14) 『시경』에서 이르는 시의 육의 가운데 하나. 주자는 『詩集傳』 「周南」 "葛覃" 注에서 "賦者, 敷陳其事而直言之者也."라고 하였다. 사물이나 그에 대한 감상을, 비유를 쓰지 아니하고 직접 서술하는 작법이다.
15) 환관.

이 되면 문득 쪽지에 적어 상자에 넣어 두었으나 얻은 것보다는 잃은 것이 더 많았다. 일을 마치고 오는 길에 공서에서 묵은 것이 무릇 7일이다. **동으로 8억참이나 된데다 길도 험한데 게다가 따라오는 자가 옷을 빨았다.**

이에 함께 사행한 황문 왕한영군이 적은 것과 대조하여 정정하고, 무릇 사신 일과 무관한 것은 모두 버렸어도 아직 간략함에는 이르지 못하였으니, 아마 일을 곧이곧대로 적다 보니 나도 모르는 사이에 글이 번무해진 것이리라.

제1장 조선의 지리와 풍속

1

睠彼東國, 朝家[16]外藩[17], 西限鴨江, 東接桑暾.
저 동국을 돌이켜보건대 조가의 바깥 울타리니
서쪽 국경은 압록강, 동쪽은 해 뜨는 곳에 닿아 있다.

天池殆其南戶, 靺鞨[18]爲其北門. 其國東南皆際海, 西北爲建州[19], 正北爲毛憐海西[20].
바다가 그 남문이고 말갈이 그 북문이다. 그 나라의 동남은 모두 바다에 닿아 있고 서북은 건주, 정북은 모련해서이다.

八道成分, 京畿獨尊, 翼以忠淸慶尙, 黃海江原. 義取永安, 意在固垣. 平安地稍瘠薄, 全羅物最富繁. 京畿忠淸慶尙黃海江原永安平安全羅, 皆道名. 平安卽古弁韓地, 慶尙卽古辰韓地, 全羅卽古馬韓地.
팔도의 광역은 경기가 홀로 높고 충청·경상·황해·강원으로 날개를 삼았다. 이름을 영안이라고 한 것은 그 뜻이 국경을 견고히 하려는 데 있다. 평안은 땅이 다소 척박하고, 전라는 물산이 가장 풍부하다. 경기·충청·경상·황해·강원·영안·평안·전라는 다 도의 이름이

---

16) 제실. 황실.
17) 제후국.
18) 송화강 동쪽으로부터 바다에, 混同江 남쪽으로부터 장백산에 이르는 지역.
19) 지금의 길림성 永吉縣, 穆陵河 일대.
20) 만주의 남동부에 살던 여진족.

다. 평안은 옛 변한 땅이고, 경상은 옛 진한 땅이며, 전라는 옛 마한 땅이다.

其袤也道里二千, 延則加倍. **其國東西二千里, 南北四千里, 誌書云.**
그 너비는 2천 리요, 길이는 너비의 배가 된다. 그 나라는 동서 2천 리, 남북 4천 리라고 지서에 이른다.

視古也國封三四, 今則獨存. **新羅百濟耽羅, 今皆爲所有.**
예전에는 서너 나라로 봉했는데, 지금은 하나만 있다. **신라, 백제, 탐라가 지금은 다 조선 소유다.**

蓋惟不蹈前人之覆轍, 所以獨蒙昭代[21])之深恩也.
생각건대 전인의 전철을 밟지 않음은 유독 소대의 깊은 은혜를 입었기 때문이다.

2

詔[22])許建邦, 自爲聲敎[23]). **本朝洪武二年[24]), 高麗國王王顓表[25])賀卽位. 詔許自爲聲敎, 賜以龜紐[26])金印[27]).**
조서로 건국을 허락하니 스스로 교화를 이루었다. 본조 홍무 2

---

21) 나라가 밝게 잘 다스려지고 있는 태평한 세상. 자기 시대의 임금을 지칭하는 말.
22) 천자가 제후에게 내리는 글.
23) (임금이나 성인이) 덕으로 백성을 감화시키는 교육.
24) 명 태조의 연호. 1369년(공민왕 18).
25) 신하가 임금에게 올리는 글.
26) 거북 형상을 새긴 인장 꼭지.
27) 금으로 만든 인장으로 제후, 장군의 신분을 나타내준다.

년, 고려 국왕 왕전이 표를 올려 즉위를 축하하였다. 조서로 스스로 성교를 이룸을 허락하여 귀뉴와 금인을 내려주었다.

曰詩曰書, 視庠[28]視校[29].
시경을 말하고 서경을 말하며 상서를 살피고 학교를 살핀다.

士窮則辟蠹雕蟲[30], 宦達則搏鵬變豹. 其國奉朝廷正朔[31], 鄕試[32]以子午卯酉年, 會試[33]殿試[34]亦辰戌丑未年.
선비가 궁하면 좀을 쫓으며 문장 글귀나 아로새기고, 벼슬길이 트이면 붕새같이 날개치고 표범처럼 변한다. 그 나라는 조정의 정삭을 받들어 향시는 자·오·묘·유년에, 회시와 전시는 진·술·축·미년에 행한다.

農勤稼穡, 技習工巧. 官多倣古, 俸則給田[35]. 刑不以宮[36], 盜乃荷校[37]. 閹宦[38]皆非宮刑, 惟取幼時傷疾者爲之, 所以甚少, 惟盜賊則不輕

---

28) 殷의 학교.
29) 夏의 학교.
30) 벌레가 나뭇잎이나 나무를 갉아먹어 무늬를 만드는 것. 문장을 아름답게 꾸미는 일을 비유한다.
31) 正은 연시, 朔은 월초. 정삭은 제왕이 새로 반포한 역법을 말하는데 옛날에 역성 수명한 왕자는 반드시 정삭을 고쳤다. 그 통치권이 행해지는 곳에서 그 달력을 쓰기 때문에 신민이 되는 것을 奉正朔이라고 하였다.
32) 문·무과, 생원·진사시의 팔도 초시.
33) 중앙과 지방에서 초시에 합격한 사람을 서울로 모아 제2차로 보는 시험. 覆試.
34) 문·무과에만 있었고 잡과나 생원·진사시에는 없던 최종 어전 시험. 초장, 중장, 종장의 구분이 없이 문과 복시 합격자 33인과 무과 복시 합격자 28인 및 각종 과시의 直赴殿試人을 한 번의 시험으로 등급을 결정하였다. 전시에서 불합격하는 예는 없었으며 성편을 못하거나 답안을 제대로 쓰지 못한 자는 다음 식년 전시에 다시 응시하게 하였다.
35) 관리들에게 녹봉 대신 논밭을 나누어주던 제도.
36) 고대 중국에서, 去勢하여 생식을 못하게 하던 형벌의 한 가지.
37) 칼[木囚]을 짊.

貸. 此事以訽諸三四通事39), 所言皆合.

농사는 곡식 농사에 힘쓰고 기술은 공교함을 익힌다. 관은 예를 많이 본받아 봉급은 논밭으로 주며, 형벌은 궁형을 쓰지 않고 도둑은 가두어 칼을 씌운다. 내시는 다 궁형을 당한 것이 아니고, 어렸을 때에 다쳤거나 병을 앓았던 자만을 썼기 때문에 내시가 아주 적었지만 도적은 가벼이 용서해주지 않는다. 이 일을 서너 명의 통사에게 물어보았더니 하는 말이 모두 같았다.

貿遷40)一以粟布, 隨居積以爲贏. 用使盡禁金銀, 雖錙銖41)而亦較. 民間不許儲分文42)金銀, 以積粟布之多者爲富室 其貿遷交易一以此, 其國貪官少者亦以此.

무역은 하나같이 곡식과 베로써 하되, 축적한 것으로 이득을 얻는다. 금은을 쓰는 것은 모두 금하므로, 비록 치수라도 또한 죄를 따진다. 민간에서는 분문의 금은이라도 저축하는 것을 허락하지 않으므로, 곡식과 베를 많이 축적한 이를 부잣집이라 한다. 그 무천과 교역은 하나같이 이것으로 하는데, 그 나라에 탐관이 적은 것도 이 때문이다.

田賦以結代畝43), 牛耕四日者乃輸四斗之租. 盡一牛之力, 耕四日之地爲一結.

---

38) 내시, 內官, 中官, 宦官, 宦者, 黃門.
39) 지난날, 외국어의 번역을 맡았던 벼슬아치를 이르던 말.
40) 貿易과 같은 말.
41) 썩 가벼운 무게. 치는 여덟 냥, 수는 기장 알 100개의 무게.
42) 분이나 문 모두 단위의 일종. 분은 척도나 중량의 단위이며, 문은 돈을 세는 수사이다.
43) 과세 기준 단위. 結은 곡식 100짐을 낼 수 있는 넓이로 비옥한 땅 약 3천 평. 畝는 頃의 1/100인 30평. "결로 묘를 대신하였다."는 말은 "소출 기준인 結負制로 면적 기준인 頃畝制를 대신하였다."는 뜻이다. 조선은 『경국대전』에 농지의 실제 생산량을 기준으로 1/20의 조세를 매기는 결부제 시행을 천명하였다.

전답의 세는 결로 묘를 대신하였는데, 소로 4일을 갈 정도면 4말의 조세를 낸다. 한 마리의 소가 힘을 다해서 4일 동안 가는 땅이 1결이 된다.

士養以類定員, 身寄二齋[44]者皆食二時之稍[45]. 成均館常養五百人. 每三歲以明經取者謂之「生員」, 以詩賦取者謂之「進士」. 又自南中東西四學, 升者謂之「升學」. 四學避北不敢名, 尊朝廷也. 生員進士居上齋[46], 升學居下齋[47]. 生員進士須殿試, 中者乃謂之. 式年[48]乃入官, 否則仍養於成均館. 式年每三歲, 止取三十六[49]人.

선비를 양성함에 종류별로 인원을 정하여 두 기숙사에 기숙하는 자는 다 두 끼의 녹미를 먹는다. 성균관에서 보통 5백 명을 양성하는데, 3년마다 명경으로 뽑은 자를 생원이라 하고 시부로 뽑은 자를 진사라 하며, 또 남·중·동·서의 4학에서 올라온 자를 승학이라 한다. 4학에서 북쪽을 피하여 함부로 이름을 붙이지 못한 것은 조정을 높여서이다. 생원, 진사는 상재에서 거처하고 승학은 하재에서 거처한다. 생원, 진사로서 전시에서 뽑힌 자를 합격자라 부른다. 식년 시험으로 관리가 되고, 그렇지 못하면 그대로 성균관에서 양성된다. 식년시는 3년마다 있는데, 33명만 뽑는다.

官非三品, 綺繡[50]不得文身. 小官皆服紬布[51], 不服紵絲. 其布之深

---

44) 東齋와 西齋.
45) 벼슬아치가 녹봉으로 받는 쌀. 祿米, 稍食.
46) 성균관의 동서 양재의 각각 위쪽에 위치한 간. 생원, 진사들이 거처한다.
47) 성균관의 동서 양재의 각 맨 아래쪽 두 간. 사학 승보생인 유학 스무 명이 거처하였다.
48) 子午卯酉年.
49) 『國朝典故』 소재 『朝鮮賦』(이하 『國朝典故』 소재본이라 한다.)에는 '三'으로 되어 있다. '三'이 맞다.
50) 綺는 무늬 있는 비단, 繡는 수놓은 비단.
51) 굵은 명주실로 짠 것.

靑色者亦不常服, 燕會時乃用之.

벼슬이 3품이 아니면 비단으로 몸을 꾸밀 수 없다. 낮은 벼슬아치는 다 주포를 입고 모시는 입지 않는데, 그 짙푸른 색깔의 베옷도 항상 입지는 않고 연회 때나 쓴다.

民受一廛52), 禾麻則皆穿窖. 其藏亦如遼人.

백성이 한 집터를 받으면 벼나 삼은 다 움을 파 넣어둔다. 그 갈무리도 요령 사람과 같다.

其最可道者, 國有八十之老, 則男女皆錫燕以覃其恩. 每歲季秋, 王燕八十之老人于殿, 妃燕八十婦人於宮.

그 가장 이를 만한 것은 나라에 여든 살 된 노인이 있으면 나라에서 남녀 모두에게 잔치를 베풀어 그 은혜를 갚게 한다. 해마다 늦가을에 왕은 팔십 노인에게 전각에서 잔치를 베풀어주고, 왕비는 팔십 부인에게 궁에서 잔치를 베풀어준다.

子有三年之喪, 雖奴僕亦許行以成其孝. 國俗, 喪必三年, 且尙廬墓. 奴僕例許行百日之喪, 有願行三年者亦聽.

자식에게는 삼년상이 있어 비록 노복이라도 행하는 것을 허락하여 그 효를 이루게 한다. 나라 풍속에 상은 반드시 3년이고 또 여묘를 숭상한다. 노복에게는 백일 상을 행하도록 허락하는 것이 관례이지만 3년을 행하기를 원하는 자가 있으면 또한 들어준다.

王都設歸厚之署53), 儲棺槨以濟乎貧窮. 其國棺槨多用松, 然自一路觀之, 中材者似少, 故王都設署便之.

---

52) 2畝 반, 약 75평의 집터.
53) 태종 2년(1406)에 설치한 관청으로 장례에 관한 일을 담당하였다.

왕도에는 귀후서를 설치하여 속 널과 겉 널을 마련해 두었다가 빈궁한 사람들을 도와준다. 그 나라의 관곽은 소나무를 많이 쓴다. 그러나 길을 오며 보니 적당한 재목이 적은 것 같다. 그래서 왕도에 설치하여 편리하게 한다.

鄕飮54)嚴揚觶之文, 秩籩豆55)以戒其喧鬧. **文與華同, 惟改「朝廷」二字爲「國家」.**

향음주례에서는 술잔 드는 예가 엄하고 제기는 질서 있게 놓아 시끄럽지 않도록 조심한다. **예는 중화와 같고 다만 '조정'이라는 두 글자만을 고쳐 '국가'라고 하였다.**

婚媾謹乎媒妁, 子出再醮56)者雖多學亦不得齒於士流. **俗恥再嫁所生及失行婦女57)之子, 皆不得入士流, 登仕版58).**

혼인은 조심해서 중매하고, 개가해서 난 자식은 많이 배웠을지라도 사류에 끼이지 못한다. **풍속이 개가 소생과 실행한 부녀의 자식을 부끄럽게 여겨 다 사류에 들어가거나 사판에 오를 수 없다.**

門第最重簪纓59), 世列兩班者或匪彝則皆不爲之禮貌. **以先世嘗兼文武官者, 謂之「兩班」, 兩班子弟止許讀書, 不習技藝. 或所行不善, 則國人皆非之.**

가문은 벼슬을 가장 중히 여기고 대대로 양반에 속한 사람이라도 혹 떳떳하지 못한 일을 하면 모두 그에게 예모를 행하지 않는

---

54) 예전에, 온 고을의 유생이 모여 향약을 읽고 술을 마시며 잔치하던 일.
55) 대나무와 나무로 만든 제기.
56) 과부의 재가. 개가.
57) 양반의 부녀로서 부덕을 실추시킨 사람.
58) 벼슬길에 오른 선비들의 이름을 기록해 놓은 명부.
59) 왕조 때, 관원이 쓰던 비녀와 갓끈. 높은 벼슬아치.

다. 조상 때부터 일찍이 문무의 벼슬을 겸한 사람을 양반이라 한다. 양반 자제에게는 다만 독서만 허락하고 기예는 익히지 않는다. 혹 소행이 착하지 못하면 나라 사람들이 모두 그를 비난한다.

至若家不許藏博具, 棋局雙陸60)之類, 民間子弟皆不許習.
집에 노름 기구를 두는 것을 불허할 정도이다. 바둑판이나 상륙 따위는 민간 자제가 익히는 것을 다 불허한다.

祭則皆立家廟61). 大夫乃祭三代, 士庶62)則止祖考. 此皆自箕子63)而流其風韻, 而亦視中國爲之則倣也. 已上, 皆見館伴使64)吏曹判書許琮65)其到風俗帖66).
제사는 대개 가묘를 세운다. 대부는 3대까지, 사민은 조고까지

---

60) 두 개의 주사위를 던져 나오는 사위대로 말을 써서 먼저 궁에 들여보내는 것을 겨루는 놀이.
61) 한 집안의 사당.
62) 사족과 평민.
63) 殷의 성인. 은이 망하자 조선으로 와서 기자조선을 세웠다고 한다.
64) 고려 시대에, 서울에 묵고 있는 외국 사신을 접대하기 위하여 임시로 차출했던 관원. 정삼품 이상의 관원 가운데서 임명했다.
65) 1434~1494. 본관은 양천, 자는 宗卿, 호는 尙友堂이다. 세조 병사(1456)년에 생원과에 오르고 정축년에 문과에 올랐다. 적개좌리공신이 되어 양천부원군에 봉해 졌으며 임자(1492)년에 우의정이 되었다. 시호는 忠貞公이다. 얼굴이 웅장하고 이마가 넓으며 수염이 아름답고 키가 컸다. 몸가짐이 뛰어나 멀리서 바라보면 엄연하여 큰 산과 같고, 가까이 접해 보면 온화하기가 따스한 바람이나 좋은 날씨와 같았다. 성을 내지 않아도 사람들이 두려워하고 말하지 않아도 사람들이 스스로 굴복하였다. 홍치 무신(1488)년에 동월과 왕창이 우리나라에 와서 명 황제의 등극 조서를 반포하였다. 공이 원접사의 직책으로 의주에서 영접하였다. 본국으로 돌아갈 적에 압록강 상에 이르러 서운하여 차마 작별하지 못하고 눈물까지 흘리면서, "바라건대 공이 중국에 사신으로 와서 중국 사람들에게 해외에는 이런 사람이 있다는 것을 알리십시오."라고 하였다. 『국역연려실기술』(민족문화추진회, 1984) 1 「성종조 고사본말」 59~62면.
66) 외국 사신에게 그 나라의 풍속을 전하기 위하여 여러 풍속을 글과 그림으로 그려 짧은 기간에 익힐 수 있도록 한 화첩.

만 제사 지낸다. 이는 다 기자로부터 그 풍습이 전해 내려온 것이고 또 중국에서 하는 것을 보고 본받은 것이다. **이상은 다 관반사 이조판서 허종이 갖추어온 『풍속첩』에 보인다.**

3

凡爲城郭, 皆枕高山. 間出岡麓, 亦視彎環. 大者則翬飛飛之雉堞[67], 小者亦雄屹屹之豹關[68].

무릇 성곽은 모두 고산을 벤 자리에 쌓는다. 간혹 산등성이나 산기슭으로 나오더라도 만곡 지형으로 보인다. 큰 것은 날아갈 듯 치첩이 솟아 있고, 작은 것도 우뚝한 표관이 웅장하다.

蓋自<u>義順</u>而歷<u>宣川</u>, <u>義順</u>, 館名, 在<u>義州</u>, <u>鴨綠江東岸</u>. 江卽華夷[69]界限. <u>宣川</u>, 郡名, 在<u>義州東</u>. 其間雖有<u>龍虎</u>, 山名, <u>龍川郡</u>鎭山[70]. <u>熊骨</u> 山名, <u>鐵山郡</u>鎭山. 之巑岏, 惟<u>郭山</u>更凌乎霄漢. <u>郭山</u>, 郡名. 其城在山顚. 志書名「凌漢城」.

대개 의순에서 선천을 지나자면, 의순은 객관 이름으로 의주 압록강 동안에 있다. 강이 곧 화이의 경계이다. 선천은 군 이름으로 의주 동쪽에 있다. 그 사이에 비록 용호산, 산 이름으로 용천군의 진산이다. 웅골산이 산 이름으로 철산군의 진산이다. 똑바로 줄기를 이루고 유독 곽산이 더욱 높이 은하수에 솟아 있다. 곽산은 군 이름

---

67) 雉는 성의 높은 담으로 고대에 성벽의 크기를 나타내는 단위. 길이 3丈, 높이 1장을 1雉라 함.
堞은 女墻. 성첩. 성가퀴. 성위에 톱날 모양으로 쌓은 낮은 담.
68) 삼엄한 문정.
69) 중화와 이적. 명과 조선.
70) 지난날, 도읍이나 성시 등의 뒤쪽에 있는 큰 산을 이르던 말. 그곳을 진호하는 주산으로 삼아 제사를 지냈음.

이다. 그 성이 산꼭대기에 있다. 지리서에서의 이름은 능한성이다.

又自<u>新安</u> 巓館名, 在<u>定州</u>, 前有樓. 而渡<u>大定</u>, 江名, 卽<u>博川郡</u>, 卽古<u>朱蒙</u>71), 南奔至此, 魚鱉成橋處. 又節<u>博川江</u>. 其山雖有<u>天馬</u>, 山名, <u>定州</u>鎭山. <u>鳳頭</u>之巢業, 鳳頭卽<u>嘉山郡</u>鎭山. 自<u>鴨綠</u>東行, 惟<u>嘉山</u>嶺最高. 其巓有曰「曉星」曰「望海」, 皆爲使節所經之處. 而<u>安州</u>又倚乎潺湲. <u>安州</u>城下瞰<u>薩水</u>, 上有<u>百祥樓</u>, 卽<u>隋</u>師伐<u>高麗</u>時敗績處, 又名<u>淸川江</u>. 城內有<u>安興館</u>.

다시 신안관에서 산정 관 이름으로 정주에 있는데, 앞에 누각이 있다. 대정강을 건너려면 강 이름으로 박천군에 있으니 바로 옛날 주몽이 남쪽으로 달려 이곳에 이르자 물고기와 자라가 다리를 놓아 준 곳이다. 또 박천강으로 기록되기도 한다. 그 산에 비록 천마산, 산 이름으로 정주의 진산이다. 봉두산 같은 높은 산이 있긴 하지만, 봉두는 곧 가산군의 진산이다. 압록강에서 동으로 가면 오직 가산령이 가장 높다. 그 산정에 효성, 망해란 곳이 있는데, 다 사절이 지나가는 곳이다. 안주는 또 잔잔히 흐르는 강에 기대어 있다. 안주성은 아래로는 살수를 내려다보고 위로는 백상루가 있는데, 바로 수나라 군사가 고구려를 치다 패한 곳으로 또 청천강이라고도 한다. 성 안에 안흥관이 있다.

郡<u>肅川</u>而邑<u>順安</u>, 勢皆不於原野. 樓肅寧 **<u>肅寧</u>館前有樓**. 而館安定, 館名, 屬<u>順安</u>縣. 地乃稍就寬閑.

군은 숙천이요 읍은 순안인데 지세가 다 들판에 있지 않다. 누는 숙녕이요, **숙녕관 앞에 누각이 있다.** 관은 안정인데, 관 이름으로 순안현에 속한다. 지세가 다소 널찍하다.

---

71) 고구려의 시조 동명성왕.

惟彼西京, 地最夷曠. 隨勢命名, 是曰平壤[72].

오직 저 서경만은 땅이 가장 평탄하고 넓다. 지세에 따라 이름을 지어 평양이라 하였다.

爰自有國, 已高築臨水之維城[73], 曾幾何時, 又近移北山之疊障[74]也. **平壤, 城最古, 箕子初封時已有之. 至高句驪**, 又病其不據險, 復就北增築城. 東瞰**大同江**, 北接**錦繡**山. **箕子**後, 傳至漢有名準[75]者, 爲燕人衛滿[76]所逐, 徙都馬韓[77]之地, 今無後焉.

이에 나라가 생길 때부터 이미 물가에 유성을 높이 쌓았었는데, 얼마 지나 또 가까운 북쪽 산의 첩봉으로 옮겼다. **평양은 가장 오래된 성으로 기자가 처음 봉해졌을 때에 이미 있었다. 고구려에 이르러** 또 그것이 험준한 곳에 의지하지 않음을 흠으로 여겨 다시 북쪽으로 성을 증축하였다. 동으로 대동강을 내려다보고 북으로는 금수산에 닿아 있다. 기자의 뒤를 이어오다 한대에 이르러 '준'이란 사람이 연나라 사람 위만에게 쫓기어 마한 땅에 도읍을 옮겼으나 지금은 자취조차 없다.

---

72) 고려 때의 서경으로 공민왕 18년(1369)에 만호부가 설치되고 뒤이어 평양부로 개칭되었다. 세종 11년(1429)에 단군사당이 마련되고 고구려 시조 동명왕이 합사되어 춘추로 치제하게 되었다.
73) 이어 달아낸 성.
74) 잇달아 겹쳐 있는 산봉우리.
75) 고조선의 마지막 왕. 연나라에서 망명하여 온 위만에게 나라를 빼앗기고, 남쪽으로 가서 마한의 시조가 되었다고 한다.
76) 위만 조선의 창시자. 중국 연나라의 관리로서 천여 명의 무리를 이끌고 고조선에 망명하여 준왕으로부터 변경 수비의 임무를 맡았다. 유랑민을 기반으로 힘이 커지자 준왕을 축출하고 위만 조선을 세웠다. 재위 기간은 기원전 194년부터이나 언제까지인지는 분명하지 않다.
77) 고대 삼한 가운데 경기도, 충청도, 전라도 지방에 걸쳐 있던 나라. 54개의 부족 국가로 이루어졌는데 뒤에 백제에 병합되었다.

4

自餘諸州, 壤多燥赤. 間有黃壤, 亦雜沙石.
나머지 여러 고을은 토양이 많이 마르고 붉다. 간간이 누런 흙이 있으나 또한 모래와 돌이 섞여 있다.

惟此近郭, 土則黏埴. 形存畎澮溝塗, **舊城內, 箕子所盡[78]井田, 形制尙有存者, 如直路之類是也**. 樹宜禾麻菽麥.
오직 이곳 성 가까이만 흙이 차지다. 밭도랑과 봇도랑의 형상이 남아 있고, **옛 성안에 기자가 구획한 정전의 형상과 구조가 아직 남아 있으니, 곧은 길 같은 것들이 바로 이것이다.** 벼, 삼, 콩, 보리를 심기에 적합하다.

厥草乃蕪, 厥木乃喬. **至此乃有高柳如中國者**. 葉有鳴蜩, 草有秀葽.
그 풀은 무성하고 그 나무는 키가 크다. **여기에 이르러서야 중국의 것과 같은 높은 버드나무가 있었다.** 나뭇잎에는 우는 매미가 있고, 풀은 빼어나고 무성하다.

<u>錦繡峯遠接龍山之兀兀</u>, 龍山, 土名九龍山, 一名魯陽山, 在錦繡山北二十里. 山頂有九十九池. <u>浮碧樓下瞰浿水之滔滔</u>. **大同江卽古之浿水**.
금수봉은 멀리 우뚝한 용산에 닿아 있고, 용산은 지방 이름이 구룡산, 일명 노양산으로 금수산 북쪽 20리에 있고 산정에 99개의 못이 있다. 부벽루는 아래로 도도히 흐르는 패수를 굽어본다. **대동강이 바로 옛 패수이다.**

---

78) 『國朝典故』 소재본의 '畫'를 따른다.

麒麟尙餘乎石窟, **麒麟石在浮碧樓下. 世傳東明王乘麒麟馬入此窟, 從地中出朝天石**[79]**上昇, 今馬跡尙存. 駝羊牛棄於山腰. 舊時石馬**[80]**銅駝**[81]**皆在荊棘.**

기린은 아직도 석굴에 남아 있고, 기린석은 부벽루 아래에 있다. 세상에 전하기를, 동명왕이 기린마를 타고 이 굴로 들어가 땅속으로부터 조천석이 나와 상승하였다고 하는데, 지금도 말발굽 자국이 남아 있다. 낙타와 양은 산허리에 거의 버려져 있다. **옛적 석마와 동타가 다 가시덤불 속에 있다.**

殿餘故址, 松偃危橋. 慨往事之莫留, 如見晛之聿消.
궁전은 옛터만 남아 있고, 솔은 누워 높은 다리가 되었다. 지나간 일을 붙잡지 못함을 슬퍼하노니 해가 떴다 이내 사라지는 것을 보는 것 같다.

孔庭設像[82], 皆冕而裳. 亦有靑衿[83], 濟濟道旁.
공묘 뜰에 세운 소상들은 다 면류관에 조복 치마. 청금 또한 길가에 나란히 늘어서 있다.

軟羅巾幘, 帶飄且揚. 皮革襪履, 底尖而方. 候則鞠躬, 進則趨蹌. **生徒皆戴軟羅巾, 垂一帶, 靑襴衫**[84]**, 皆**[85]**尖頭方底皮鞋, 有襪.**

---

79) 기린굴 남쪽에 있는 하늘에 조회하듯이 하늘을 향한 돌.
80) 능침의 문인석과 무인석 곁에 세우는 돌로 만든 말.
81) 궁문, 침전 앞에 세우는 구리로 주조한 낙타.
82) 『성종실록』 19년 3월 9일(계유)조에 "遠接使許琮, 馳啓天使動止, 又曰: 天使到平壤, 謁箕子廟, 行四拜禮, 又謁檀君廟, 行再拜禮. 又詣文廟, 行四拜禮, 入殿上, 見先聖及四聖十哲塑像, 語臣曰: 此與中國塑像稍異. 臣曰: 塑像同於道佛, 故王京文廟, 不設像, 唯木主也. 正使曰: 是合於禮. 臣又曰: 此亦當改爲木主, 然其來已久, 故不改耳. 正使曰: 元有則不妨矣."라고 하였다.
83) 유생이 입던 옷. 유생을 달리 이르던 말. 『詩經』 「鄭風」 "子衿"의 '靑靑子衿, 悠悠我心'에서 온 말.

얇은 명주 두건에 띠는 바람에 휘날린다. 가죽으로 만든 신은 바닥이 뾰족하고 네모졌다. 문안할 때는 몸을 굽히고 나아갈 때는 종종걸음으로 서두른다. 생도들은 다 얇은 명주 두건을 쓰고 한 띠를 드리운 푸른 난삼 차림이며 발에는 코가 뾰족하고 바닥이 네모진 가죽신을 신었고 버선도 신었다.

東有箕祠, 禮設木主. 題曰「朝鮮後代始祖」. 蓋尊檀君爲其建86)邦啓土, 宜以箕子87)爲其繼世傳緒也. 檀君帝堯, 甲辰年開國于此, 後入九月山, 不知所終. 國人世立廟祀之者, 以其初開國也. 今廟在箕子祠東, 有木主, 題曰朝鮮始祖檀君位.

동쪽에 기자의 사당이 있는데, 예에 맞게 나무 신주를 모셨다. 적기를, "조선 후대 시조"라고 하였다. 대개 단군을 높이는 것은 그 나라를 세우고 땅을 열었기 때문이니 의당 기자가 그 대를 이어 왕통을 전하였다고 여겼다. 단군은 요임금 갑진년에 이곳에 개국하였다가 뒤에 구월산에 들어가 마지막은 알 수 없다. 국인이 대대로 종묘를 세워 제사지내는 것은 그가 처음으로 개국하였기 때문이다. 지금 종묘는 기자 사당 동쪽에 있는데, 나무 신주를 모셔 조선 시조 단군 위라고 적었다.

---

84) 옛날, 저고리와 치마가 한데 붙은 옷. 학생들이 입던 깃이 둥글고 소매가 큰 옷.
85) 『國朝典故』 소재본의 '足穿'을 따른다.
86) 이곳 "邦啓土" 이하 "固非諸"까지가 북경대학본에는 없고 『國朝典故』 소재본에는 있다.
87) 『성종실록』 19년 3월 3일(정묘)조에 "正使曰: 箕子之墳與廟在乎? 吾等欲拜焉. 答曰: 墳則遠在城外, 今不可到, 廟則在城內矣. 曰: 然則當謁廟矣. 卽詣箕子廟, 行拜禮. 出廟門, 指檀君廟曰: 此何廟乎? 曰: 檀君廟也. 曰: 檀君者何? 曰: 東國世傳, 唐堯卽位之年甲辰歲, 有神人降於檀木下, 衆推以爲君. 其後入阿斯達山, 不知所終. 曰: 我固知矣. 遂步至廟, 行拜禮. 入廟中, 見東明神主曰: 此又何也? 曰: 此高句麗始祖高朱蒙也. 曰: 檀君之後, 何人代立? 曰: 檀君之後, 卽箕子也. 傳至箕準, 當漢之時, 燕人衛滿, 逐準代立. 箕準亡入馬韓之地, 更立國, 所都之基, 今猶在焉. 檀君箕子衛滿, 謂之三朝鮮. 曰: 衛滿之後, 則漢武帝遣將滅之, 在『漢史』矣."라고 하였다.

5

墓在兎山[88], 維城乾隅. **箕子墓在城西北隅之兎山, 去城不半里, 山勢甚高.**

묘는 토산에 있으니, 유성의 북서 기슭이다. **기자묘는 성의 서북 기슭인 토산에 있는데, 성에서 200미터도 안 되지만 산세는 매우 높다.**

有兩翁仲[89], 如唐巾裾.
두 기 옹중이 있는데, 당과 같은 두건과 옷자락이다.

點以斑爛之苔蘚, 如衣錦繡之文襦.
얼룩얼룩한 이끼 반점이 마치 금수의 무늬 저고리를 것 같다.

左右列以跪乳之石羊, 碑碣[90]駄以昂首之龜趺[91].
좌우에는 꿇어앉아 젖을 먹이는 석양이 줄지어 있고, 비갈은 머리를 쳐든 귀부에 실려 있다.

爲圓亭以設拜位, 累亂石以爲庭除.
둥근 정자를 지어 절하는 자리를 만들었고, 자잘한 돌을 깔아 뜰 섬돌을 만들었다.

此則其報本之意雖隆, 而備物之禮亦疏也.

---

88) 평양성의 북쪽 장대인 을밀대 밖의 산.
89) 옛날, 동상·석상 따위를 일컫던 말. 石人.
90) 碑와 碣. 碣은 가첨석을 얹지 아니하고, 머리 부분을 둥글게 만든 작은 비석.
91) 거북 모양으로 만든 비석의 받침돌. 龜頭.

이는 그 보본의 뜻은 융성하지만, 물건을 갖추는 예는 소홀한 것이다.

6

<u>大同</u>旣渡, 山漸崔嵬. <u>生陽</u>92) **館名** 載臨, 路更迂回.
대동강을 건너면 산은 차츰 높아진다. 생양관에 **관 이름** 다다르면 길은 다시 우회한다.

遺營壘93)於松陰, 若古冢之纍纍. 相傳爲<u>唐</u>時征<u>高麗</u>時營壘, 然參差大小無序, 絶類<u>蘷州</u>者. 予初道<u>蘷</u>時嘗疑焉, 詢一老卒, 云是<u>唐王</u>征東時謊糧堆, 謂其下皆着土, 上以米覆之, 如<u>檀道濟</u>94)唱籌量沙95)之類. 意此地之營壘亦此類也. 望波濤於海上, 識洪量之恢恢. 地屬<u>黃海道</u>, 其北皆山, 其南際海.

소나무 그늘에 버려진 영루는 다닥다닥 붙어 있는 고총 같다. 당나라가 고구려를 정벌할 때의 영루라고 전해오지만 들쭉날쭉 크고 작고 질서가 없는 것이 너무도 기주 것과 유사하다. 내가 처음 기주에 갔을 때에 일찍이 이를 의심하여 한 늙은 병졸에게 물었더니, 당나라 왕이 동쪽을 정벌할 때의 거짓 군량 무더기라고 하였다. 말하자면 그 밑에는 다 흙을 쌓고 위에는 쌀로 덮은 것으로 단도제가 쌀통에

---

92) 中和郡.
93) 군영과 보루.
94) 남북조 宋의 군인.
95) 없으면서도 많이 있는 척하다. 육조 송의 단도제가 魏를 공격할 때, 모래를 쌀통에 담아 큰소리로 그 수를 세었으므로 위는 도제의 군대가 양식이 많은 줄 알고 추격하지 않았다.

모래를 담아 소리 내어 센 계책 같은 종류이다. 아마 이곳의 영로도 이런 종류일 것이다. 바다 위에서 파도를 바라보고, 큰물 양의 크고 넓음을 안다. 땅은 황해도에 속하는데, 그 북쪽은 다 산이고 그 남쪽은 바다에 닿아 있다.

成佛96) 嶺名 雄關, 棄石磊磊. 北接慈悲, 嶺名 南臨渤澥.
성불령 고개 이름 웅장한 관문에 내버린 돌이 층층이 쌓였다. 북으로는 자비령에 고개 이름 이어지고, 남으로는 발해에 닿는다.

在前元則畫此爲界, 至國朝97)乃示以無外也. 成佛嶺北枕山, 南枕海. 山巓睥睨, 高出雲表. 一關口棄舊時所伐甃城98)方石數堆. 詢之一通事, 云其北卽慈悲嶺, 元時畫此爲界, 此卽其關口. 若然則自鴨綠江東抵平壤皆爲內地99), 而朝鮮所統之八道已去其一道餘矣. 我聖祖100)則盡以畀之, 宜其恭順秉禮, 祝古有聞也. 嶺屬黃州.
이전 원나라는 이곳을 구획하여 경계로 하였고, 국조에 와서 바깥이 없음을 보였다. 성불령은 북으로 산을 베고, 남으로는 바다와 접한다. 산꼭대기에서 바라보면 구름 밖에 높이 솟아 있다. 한 관문 입구에 옛적 정벌 당한 추성의 네모난 돌 몇 무더기를 버려 놓았다. 한 통사에게 물었더니, 그 북쪽이 바로 자비령으로 원나라 때는 이곳을 구획하여 경계로 하였는데, 여기가 바로 그 관문 입구라고 하였다. 만일 그렇다면 압록강에서 동으로 평양에 이르기까지가 다 내지가 될 것이니, 조선이 통치하는 8도에서 그 한 도 남짓을 떼어낸 것이 된다. 우리 성조께서는 모두를 주셨으니 응당 공순히 예를 잡아 옛적을 보

---

96) 平山郡.
97) 자기 나라의 왕조 곧 明.
98) 돌을 깎아 만든 벽돌[甃]을 쌓아 만든 성.
99) 해안이나 변지에서 멀리 떨어진, 국토의 안쪽 지역.
100) 명 태조 朱元璋.

고 배움이 있어야 할 것이다. 고개는 황주에 속한다.

7

<u>延津</u>101) 江名 <u>劍水</u>102) 館名, <u>鳳山</u> 州名 <u>龍泉</u>103) 館名.
연진 강 이름, 검수 관 이름, 봉산 주 이름, 용천 관 이름.

<u>環翠翬飛</u>, <u>環翠</u>, 樓名, 在<u>鳳山州館內</u>. <u>葱秀</u>104)雲連. 山壁立, 臨水, 舊名聰秀. 予爲今名, 嘗爲記.
환취는 훨훨 날아 높고, 환취는 누각 이름으로 봉산주 관 안에 있다. 총수는 구름과 이어졌다. 산이 벽같이 우뚝 서 강을 바라보는데, 옛 이름은 聰秀였다. 나는 지금 이름으로 하여 일찍이 기문을 지은 적이 있다.

<u>寶山瑞騰</u>, <u>金巖溜穿</u>. <u>寶山金巖皆館名, 屬平山府</u>.
보산에는 서기가 오르고 금암을 개울이 뚫고 지나간다. 보산, 금암은 다 관 이름으로 평산부에 속한다.

<u>聖居松嶽</u>, <u>天魔朴淵</u>. <u>聖居松嶽天魔皆山名, 朴淵山湫名, 松嶽卽其鎭山. 聖居天魔來自東北, 有五峯, 皆揷碧其中. 三峯如人並座, 而中一峯尤高, 左右二峯稍却而低, 如侍者狀. 常護煙霞, 殊爲可愛, 予嘗有詩.</u>
성거, 송악, 천마, 박연. 성거·송악·천마는 다 산 이름이고, 박연은

---

101) 『신증동국여지승람』 황해도 載寧郡에 "迎津"이 보인다.
102) 봉산군에 있던 객관.
103) 瑞興都護府.
104) 平山都護府.

폭포 이름이다. 송악이 바로 그 진산이다. 성거와 천마는 동북쪽에서 뻗어 내려와 다섯 봉우리가 다 푸른 하늘에 솟아 있다. 세 봉우리는 마치 사람이 나란히 앉아 있는 것 같아 가운데 한 봉우리가 보다 높고 좌우 두 봉우리는 조금 물러나 낮으니, 마치 시중드는 사람 모양 같다. 항상 안개와 이내가 감싸고 있어 매우 사랑스럽기에 내 일찍 시를 지은 일이 있다.

開城戾止, 留都105)在焉.
개성에 이르러 머무니 유도가 이곳에 있다.

有威鳳遺基, 棄乎北麓. 威鳳, 樓名, 王建前門. 有蟠龍106)舊隴, 出乎東阡. 東有陵墓, 卽今國王李氏先隴.
위봉의 옛터는 산 북쪽 기슭에 버려져 있고, 위봉은 누각 이름으로 왕건 집의 앞문이다. 구불구불한 옛 언덕은 동쪽 묘지 가는 길에 솟아 있다. 동쪽에 능묘가 있으니 바로 지금 국왕 이씨의 선대 무덤이다.

蟄神物於靈湫, 掛瀑布於長川. 山頂有龍湫瀑布. 相傳王氏都此時遇旱, 王自往禱, 不應. 有道術者檄龍出水面, 啓王杖之, 去其數鱗, 仍收其國庫中. 通事李義, 開城人, 嘗爲予道此, 且欲啓王出鱗予觀. 予以爲無益, 遂止之.
영묘한 못에는 신비한 동물이 숨어 있고, 긴 내에는 폭포가 걸려 있다. 산꼭대기에 용추 폭포가 있다. 전해오기를, 왕씨가 여기에 도읍했을 때에 가뭄을 만나 임금이 친히 가서 기도했으나 듣지 아니

---

105) 임금의 거둥을 위해 마련해 둔 임시 수도. 개성과 강화 두 곳에 유수를 두어 다스리도록 하였다.
106) (아직 하늘에 오르지 못하고) 땅에 서리고 있는 용. 산이 구불구불한 모습.

하였다. 도술을 하는 자가 격서를 쓰자 용이 물 위로 나와 뵈니 임금이 지팡이로 쳐 그 비늘 몇 개를 떨어뜨려 아직도 그것을 국고에 간수하고 있다고 한다. 통사 이의는 개성 사람으로 일찍이 나한테 이를 말하고, 또 임금께 아뢰어 비늘을 꺼내어 내게 보여 주려 하였다. 나는 쓸데없는 일이라 여겨 그만두게 하였다.

閭閻107)萬井108), 禾稼百廛109).
마을은 만 호이고, 곡물은 백 가게이다.

官署亦限堂屬之尊卑, 廟學110)亦嚴像設於聖賢. 今郡學111)卽王氏時成均館. 聖賢皆塑像, 與平壤同. 其候館112)卽王氏時太平館, 所以視他館爲獨軒敞雄偉.
관서에서는 관속의 존비를 한정하고, 묘학에서는 성현 상의 설치를 엄히 하였다. 지금의 군학은 바로 왕씨 때의 성균관이다. 성현은 다 소상이 평양과 같다. 그 객관은 바로 왕씨 때의 태평관이기에 다른 객관보다 유독 높고 널찍하여 웅위하다.

芹浮香於泮水113), 芸辟蠹於遺編.
미나리는 반수에서 향기를 띄우고, 궁궁이는 남긴 책의 좀을 물리친다.

---

107) 인가가 모여 있는 곳. 서민이 모여 사는 마을. 閭里. 閭巷.
108) 옛날 제도에 의하면 여덟 가구가 1井임. 취락. 향리. 집.
109) 물건을 늘어놓고 파는 가게. 점포. 집터.
110) 文廟와 太學. 개성의 성균관.
111) 지방[郡]의 학교.
112) 원래의 뜻은 망루. 왕명으로 여행하는 관원이나 사신을 접대하는 驛館. 客舍. 客館.
113) 문묘 앞에 있는 연못. 『시경』「魯頌 "泮水"에 '思樂泮水, 薄采其芹.'이 있다. 후세에 생원 진사에 합격하여 성균관에서 공부하는 것을 采芹이라고 하였다.

春風酒旆, 夜月管絃.
봄바람은 술집 깃발 날리고, 밤 달은 관현을 비춘다.

其民物庶蕃, 固非諸州之可儗, 而風氣固密, 亦非西京之可肩.
그 백성의 재물은 풍성하여 실로 다른 고을과 비길 수 없고, 풍도와 기상은 굳고 꼼꼼하여 또한 서경이 견줄 수 없다.

蓋王氏王此者踰四百年, 至瑤114)昏迷, 始權知國事於李氏, 而名「高麗」. 統此者易三四姓, 及旦得國, 乃請復舊號於朝鮮也. **本朝洪武廿五年, 高麗國王王瑤昏迷多殺, 失衆心, 國人乃共推門下侍郞李成桂權知國事. 遣其國事**115)**知密直司事**116)**趙胖**117)**來請命. 後成桂更名旦, 且以易國號上請. 上曰「東夷之號惟『朝鮮』最美且最久」, 詔改曰「朝鮮」. 旣得命**118)**, 遂遷都今漢城府, 以此爲留都**119)**云.**

대개 왕씨가 이곳에서 임금 한 것이 4백 년이 넘었는데, 요에 이르러 혼미해져 비로소 잠시 국사를 이씨에게 맡기어 이름만 고려였다. 이를 거느린 자, 서너 성을 바꾸다가 단이 나라를 얻게 되자 이에 조선이라는 옛 이름의 회복을 청하였다. **본조 홍무 25년에 고려 국왕 왕요가 혼미하여 사람을 많이 죽여 뭇사람의 마음을 잃자 국인이 이에 함께 문하시랑 이성계를 추대하여 임시 국사를 맡겼다.**

---

114) 고려 34대 恭讓王. 재위 1389~92.
115) 『國朝典故』 소재본에는 없는 "事"는 衍文일 것이다.
116) 밀직사(고려 때, 왕명의 출납, 궁궐의 경호 및 군사 기밀 따위에 관한 일을 보던 관청)의 지사(주관하던 벼슬).
117) 1341~1401. 조선의 개국공신.
118) 조선에 대한 명의 승인 절차. 『신증동국여지승람』 「국호」에 "우리 태조 원년에 韓尙質을 명나라에 보내 조회하여 朝鮮, 和寧 등의 국호로 재가를 청하였는데 황제가 조서로 이르기를, '동이의 국호는 조선의 칭호만이 아름답고 또 그 유래가 오래인즉 그 이름을 근본으로 시작하여 하늘의 뜻을 받들어 백성을 다스려[體天牧民] 길이 후사를 창성하게 하라.'고 하였다.
119) 천도 이전의 옛 도읍을 이르는 말.

그 나라의 지밀직사사 조반을 보내와 명을 청하였다. 뒤에 성계는 단으로 이름을 바꾸고, 또 국호도 바꿀 것을 위에 청하였다. 우리 임금께서 동이의 이름에 오직 조선이 가장 좋고 또 가장 오래된 것이라 하시고, 조서로 고쳐 조선이라 하였다. 명을 받고 나서 마침내 지금의 한성부로 천도하였기에 이로부터 유도가 되었다고 한다.

8

臨津濟渡120), 臨津, 江名, 屬長湍府. 坡州爰止.
임진을 건너, 임진은 강 이름으로 장단부에 속한다. 파주에 이르렀다.

遙瞻漢城, 高騰佳氣.
멀리 한성을 바라보니, 서기가 높이 오른다.

乃經碧蹄 館名, 乃躡弘濟 樓名. 是爲王京, 屹立東鄙.
이에 벽제를 지나 관 이름 홍제를 밟으면 누 이름, 여기가 왕경으로서 동쪽 지방에 우뚝 솟았다.

奠以三角之嵯峨, 三角山, 卽王京之鎭山, 勢最高. 王宮在其山腰, 山頭睥睨, 望之業業如鋸齒. 蔭以萬松之蒼翠.
높고 험한 삼각산에 자리를 잡고, 삼각산은 곧 왕경의 진산으로 산세가 가장 높다. 왕궁이 그 산허리에 있어 산꼭대기를 훑어 바라보니 높은 봉우리들이 마치 톱니와 같다. 검푸른 수많은 소나무들로

---

120) 임진나루를 건넌 것을 말한다.

그늘졌다.

北聯千仞, 勢豈止壓千軍? 西望一關, 路止可容一騎. 自<u>弘濟</u>東行不半里, 天造一關, 北接<u>三角</u>, 南接南山, 中通一騎, 險莫加焉.

북으로 천 길 높은 산에 이어져 기세가 어찌 천군을 누르는 데 그치랴? 서쪽을 바라보니 관문 하나만 있는데, 길이 겨우 기병 하나 지나갈 정도다. 홍제에서 동쪽으로 200미터도 못 가서 천연 관문이 하나 있는데, 북으로는 삼각산에 접하고 남으로는 남산에 접하여 가운데로 기병 하나 통하니, 이보다 험할 수 없다.

山開郭外, 矯然翔鳳之覽輝, 東望諸山, 勢皆環拱. 沙積松根, 皜乎積雪之初霽. 自<u>三角</u>至南, 山色皆白而微頳, 望之如雪.

산이 성 밖으로 열려 빙 돌아 나는 봉황이 아침 햇빛을 둘러보는 듯 튼튼하고, 동쪽을 바라보면 여러 산의 세가 다 에워쌌다. 모래가 솔뿌리에 쌓여 적설이 처음 갠 듯 희다. 삼각산에서 남산까지의 산색이 다 희고 약간 붉어 바라보면 눈과 같다.

<u>慕華館</u>設於坤麓, <u>崇禮門</u>正乎離位. <u>慕華館</u>去城八里, 中爲殿, 前爲門, 凡詔至, 王則出迎道左. <u>崇禮</u>, 其國南門也.

모화관은 남서쪽 산기슭에 세웠고, 숭례문은 정남방에 자리하였다. 모화관에서 성까지는 3.2킬로미터로 가운데가 전당이고 앞이 문인데, 무릇 조서가 이르면 왕이 나와 길 왼쪽에서 맞이한다. 숭례는 조선의 남문이다.

一以憩周爰之皇華[121], 一以迓會同之文軌[122].

---

121) 『시경』 「小雅」 "皇皇者華"는 왕명을 받은 사신의 노래로 그 가운데 '周爰咨詢'이라는 말이 있다.

한편으로는 두루 묻고 살피는 사신이 쉬고, 다른 한편으로는 통일된 문화의 회동을 맞이한다.

詔至也王則袞冕郊迎, 臣則簪裾鵠侍.
조서가 이름에 왕은 곤룡포에 면류관으로 교외에 나가 맞이하고, 신하는 복식을 차려 똑바로 서서 모신다.

巷陌盡爲耄倪所擁塞, 樓臺盡爲文繡所衣被. **街巷人家, 皆如頒降禮制, 設綵掛畫**123).
거리는 온통 노인과 아이들로 꽉 채워지고, 누대는 전부 무늬를 수놓은 옷이 입혀진다. **거리 인가들은 다 임금이 나누어 준 예법과 같이 채색 비단을 치고 그림을 건다.**

樂聲也若緩以嘽, 虡設也亦華以麗.
음악 소리는 부드럽고 느긋하며, 쇠북 거는 틀 차림도 화려하다.

沈檀噴曉日之烟霧, 桃李艶東風之羅綺124).
침향과 단향은 새벽해의 연무를 뿜고, 복숭아와 자두는 동풍의 기라처럼 예쁘다.

駢闐動車馬之音, 曼衍出魚龍之戲125). **以下皆言陳百戲迎詔.**
둥-둥 거마를 움직이는 소리에, 줄줄이 이어 어룡 놀이가 나

---

122) 문자와 수레바퀴 궤적. 천하의 통일[천하가 하나가 되어 문자도 통일되고 수레바퀴의 궤적도 같게 된 것].
123) 북경대학본에는 "盡", 『國朝典故』 소재본을 따른다.
124) 기라. 무늬를 놓은 비단과 얇은 비단. 아름다운 비단. 아름다운 옷, 또는 그것을 입은 미인.
125) 魚龍曼衍이라고도 하는데, 물고기가 용으로 변하는 과정을 연희하는 놀이이다.

온다. 이하에서 갖가지 곡예를 벌여 조서를 맞이하는 광경을 다 말하였다.

鰲戴山擁蓬瀛126)海日, <u>光化門外東西列鰲山127)二座, 高與門等, 極其工巧. 猿抱子飮巫山128)峽水. 人兩肩立二童子舞129)</u>.

자라는 산을 이고 봉영의 바다 해를 안고, **광화문 밖에 동서로 오산 두 좌를 벌였는데, 높이가 문과 같고 아주 공교하다.** 원숭이는 새끼를 안고 무산 협곡의 물을 마신다. **사람이 양 어깨에 두 동자를 세우고 춤을 춘다.**

翻筋斗不數相國130)之熊, 嘶長風何有鹽車之驥?

몸을 뒤집는 곤두박질 땅재주는 상국사 곰도 셀 것이 없고, 바람을 타고 울부짖는 마상재에 어찌 소금 수레를 끄는 천리마가 있겠는가?

沿百索131)輕若凌波仙子132), 躡獨趫驚見跳梁山鬼133).

백 가닥 굵은 밧줄을 따라가니 가볍기가 물위를 걷는 선녀와 같고, 외나무다리 발로 잽싸게 걸으매 날아오르려는 나비인가 놀

---

126) 蓬萊와 瀛州. 다 같이 신선이 산다는 渤海에 있는 산. 仙境.
127) 광화문 앞에 광화문의 높이로 설치한 산대. 『才物譜』 참조.
128) 중국 四川省과 湖北省의 경계에 있는 산.
129) 무등춤에 대해서는 장한기의 『한국연극사』 77면 참조.
130) 중국 河南省 開封市에 있는 절.
131) 줄타기에 대해서는 최남선의 『조선상식문답』 239면 참조.
132) 宋 黃庭堅이 「王充道送水仙花五十枝欣然會心爲之作咏」에서 "凌波仙子生塵襪, 水上輕盈步微月."이라고 한 데서 이후 "凌波仙子"는 수선화를 지칭하게 되었다. 그러나 여기서는 "凌波(물위를 걷는)"와 "仙子(선녀)"로 끊어서 보아야 문맥이 자연스럽다.
133) 梁山伯과 祝英臺 전설에서 서로 사랑하는 두 사람은 죽어 "나비[鬼]"가 되었다고 한다.

라며 본다.

飾獅象盡蒙解剝之馬皮, 舞鵷鸞[134]更簇參差之雉尾.
사자와 코끼리 분장에는 전부 벗겨낸 말가죽을 뒤집어썼고, 원추새와 난새의 춤에는 다시 들쭉날쭉한 꿩 꼬리를 모았다.

蓋自黃海西京兩見其陳率舞[135], 而皆不若此之善且美也. **平壤黃州皆設鰲山棚, 陳百戲迎詔, 而惟王京爲勝.**
저 황해도와 서경에서 두 번이나 솔무를 보았지만, 이만큼 좋고 아름답지는 않았다. **평양과 황주에서도 산대 천막을 설치하여 온갖 연희를 베풀어 조서를 맞이하였지만, 유독 왕경이 훌륭하였다.**

9

太平有館, 在崇禮門中, 內爲殿, 前爲重門, 後有樓, 東西有廊廡, 所以待天使者. 鐘鼓有樓. 在城內四達之衝, 甚高大.
태평이라는 관이 있고, 숭례문 안에 있는데, 안이 전당이고 앞은 중문, 뒤에 누각이 있고 동서에 곁채가 있다. 천사 – 중국 사신을 접대하는 곳이다. 종고라는 누가 있다. 성 안 네거리 한복판에 있는데 매우 높고 크다.

---

134) 전설 속의 상서로운 새. 賢臣. 현자. 朝官. 鶴舞는 고려 때부터 전해오던 향악정재의 하나로 고려 때 시작하여 조선 건국 후 성종 때 처용무, 연화대무와 합쳐 크게 발전하였고 그 뒤 궁중에서 성행되어 조선 말 철종, 고종 대까지 전해진 춤이다.
135) 연이은 춤. 따라서 추는 춤. 승평을 경하하는 표시로 썼다.

仡仡國中, 言言道周.
나라 안에 높고 커, 이에 길이 둘렀다.

以燕以息, 以遨以遊.
잔치하다 쉬고, 노닐다 거닌다.

臥榻則環以八面幃屛, **國俗少掛畫, 凡公館四壁皆列以幃屛, 上畫山水竹石或草書, 高二三尺, 臥榻亦然**. 疎簾則加以牛捲香鉤.
침상은 팔면을 휘장과 병풍으로 둘러쳤고, **나라 풍속에 그림을 거는 일은 적고, 무릇 공관 네 벽에는 다 휘장과 병풍을 쳤다. 위에 산수, 대나무와 돌을 그리거나 초서를 써 높이가 2, 3척인데, 와탑도 그러하다.** 성긴 주렴은 반을 말아 올려 향 걸쇠로 걸었다.

鷄鳴則候問安之使, **每日早, 王遣其國一宰相一承旨問安**. 騎出則鳴夾道之騶.
닭이 울면 문안하는 사자가 기다리고, **매일 아침 왕은 그 나라의 재상 한 명과 승지 한 명을 보내어 문안한다.** 말을 타고 나가면 좁은 길에서 마부가 소리쳐 벽제한다.

有緝御以給使令, 有楮墨以供唱[136]酬.[137]
당번을 정해 사령을 주고, 종이와 먹을 주어 수창을 도와준다.

蓋敬主必及乎使, 而爲禮不得不優也.
대개 임금을 공경함에 반드시 사신에게까지 미치므로 예를 행하여 우대하지 않으면 안 된다.

---

136) 북경대학본에는 "倡", 『國朝典故』 소재본을 따른다.
137) 시가를 서로 주고 받으며 읊음.

10

宮室之制, 與華亦同, 其塗皆丹, **國無銀, 硃以丹代之.**[138] 桐油亦無. 其覆皆瓴. 門廡[139] 便殿皆用瓴瓦, 如華公署所覆者.

궁실의 제도는 중화와 같아서 그 도료는 다 단사이고, **나라에 수은이 없기에 은주 대신 단사를 쓴다.** 동유도 없다. 그 지붕은 다 반원통형 기와이다. 문간채와 편전 다 반원통형 기와를 쓰는데, 중화의 관공서를 덮은 방식과 같다.

門三重則殺杯螺之焜燿, 前門曰「光化」, 二門曰「弘禮」, 三門曰「勤政」, 止[140]用金釘及環. 殿居中乃有琉璃之青葱 惟正[141]殿曰「勤政」者用綠琉璃, 餘皆不用.

세 겹 문은 소라 술잔의 눈부신 빛을 죽이고, **앞문은 광화, 둘째 문은 홍례, 셋째 문은 근정**으로 쇠못과 고리만을 썼다. 한가운데 정전에는 유리 청기와가 짙푸르다. 오직 근정이라고 하는 정전에만 청기와를 쓰고 나머지는 다 쓰지 않는다.

堂陛[142]嚴七級之等差, **級皆䃜厞, 石甃勢甚陡, 上以席覆之.** 綺疏準八窗之玲瓏. 殿東西壁皆設腰隔子, 拜詔時皆以鉤懸掛之也.

정전 앞은 일곱 계단의 등차가 엄하고, **계단은 다 대강 간 박석으로 형세가 매우 가파른데, 위는 자리로 덮었다.** 새김창은 여덟 창

---

138) 銀朱는 수은과 유황을 섞어 가열 승화시킨 안료. 丹砂는 수은과 유황의 화합물로 심홍색의 육방정계의 광물. 둘 다 황화수은인데 인공물과 자연물이라는 차이가 있다.
139) 문의 좌우에 있는 길게 굽은 회랑.
140) 북경대학본에는 "上", 『國朝典故』 소재본를 따른다.
141) 북경대학본에는 "三", 『國朝典故』 소재본를 따른다.
142) 계단 양쪽에 경사지게 박아 놓은 돌.

호에 딱 맞아 영롱하다. 정전 동서 벽에는 다 중간에 들창을 달아 조서를 받을 때에는 다 들쇠로 건다.

或限隔以高山, 則別搆以離宮143). **勤政仁政二殿皆各爲門以入, 以爲山所限隔故也.**

혹 높은 산으로 가로막힌 곳에는 행궁을 짓기도 한다. 근정과 인정 두 정전 다 각기 문을 내 들어가는 것은 산으로 막혀 있기 때문이다.

大抵皆不擇乎平壤以爲基, 而惟視氣勢以爲雄也.
대컨 평평한 벌판을 택하여 터를 잡지 않는 것은 기세가 웅장하게 보이고자 해서이다.

11

詔至殿庭廷, 王則偏僂, 世子陪臣144), 左右夾輔.
조서가 대전 뜰에 이르면 임금은 몸을 굽히고, 세자와 배신들은 좌우에서 보필한다.

展軒縣145)於階墀, 列障幕於庭宇. **殿前及墀內皆設白布幕, 以色尙白故也.**

헌현을 증계에 진열하고, 장막을 정원에 펼친다. 전의 앞에서 섬

---

143) 离宮. 행궁. 임금이 거둥할 때에 묵던 별궁.
144) 지난 날, 제후의 신하가 천자에 대하여 자기를 일컫던 말.
145) 고대 제후의 악기 편성법. 동, 서, 남 삼면에 매달아 진열하고 북쪽을 비워 남면하고 들었다.

돌 안까지는 다 백포 막을 치는데, 흰색을 숭상하기 때문이다.

仗齊一於干鹵, 樂作止於柷圉146).
의장은 방패를 가지런히 하고, 음악은 축과 어로 시작하고 그친다.

齊三聲於虎拜147)嵩呼148), 率兩班於鳳儀獸舞149).
일제히 호배하며 산호를 세 번 소리치고, 봉황의 자태로 추는 춤과 짐승처럼 추는 춤으로 양반을 거느린다.

雖音聲之不可通, 而禮儀亦在所取. **禮一準於華, 加三上香三叩頭, 山呼時則侍衛150)皆拱手應.**
비록 음성은 통하지 않지만 예의는 또한 취할 데가 있다. **예는 한결같이 중화를 따라 세 번 향을 올리고 세 번 머리 조아림을 더하는데, 산호할 때에는 시위들도 다 손을 모아 잡고 응한다.**

---

146) 柷은 나무로 만든 타악기로 위가 아래보다 넓은 상자 모양으로 짜고 그 윗면 한가운데에 구멍을 뚫어 거기에 방망이를 넣어 좌우 옆면을 두드려 소리를 내는데, 음악을 시작할 때 세 번씩 세 차례 친다.
圉, 즉 敔는 엎드린 범 모양의 목제 타악기로 등에 27개의 톱니를 만들어 끝이 부챗살처럼 쪼개져 있는 진(籈)이라는 채로 긁어 소리를 내는데, 음악을 그칠 때 범의 머리를 세 번 치고 등을 세 번 긁는다.
축과 어는 나뭇조각이나 상아조각으로 만든 타악기, 박(拍)과 함께 음악을 시작하고 그친다. 즉 축을 세 번 치고 북을 한 번 치는 것을 세 차례 한 다음 박 한 번을 쳐 음악을 시작하고, 어의 머리를 세 번 치고 등을 세 번 긁은 다음 박을 세 번 쳐 음악을 그친다.
147) 『시경』「大雅」"江漢"에 '虎拜稽首, 天子萬年'이 있다. 召 穆公은 이름이 虎로 周 宣王 때 淮夷의 난을 평정하는 데 공을 세워 왕이 토지를 주자 머리를 조아려 감사의 절을 하였다. 이로부터 대신이 천자를 알현하는 것을 虎拜라 하였다.
148) 한 무제가 숭산에 올라 제사 지낼 때 신민들이 만세를 삼창한 데서 유래하였다. 천자의 장수를 빌면서 "만세, 만만세!"라고 송축하는 것. 산호. 산호만세.
149) 성현이 교화한 공효가 아주 커 신이한 새와 짐승도 덩실덩실 춤을 추게 됨을 뜻한다.
150) 임금을 모셔 호위하는 사람.

闕庭旣撤, 賜物亦予, 乃序東西, 乃分賓主. 宣詔畢, 引禮[151]引天使降自中階, 東至幕次, 俟王易服, 乃引天使由中階東陞殿, 引王由中階西陞殿. 天使居東, 西向, 王居西, 東向, 再拜序坐. 王之位對副使, 稍下半席.

조정을 거두고 하사품도 내려지면, 이제 동서로 줄을 서서 손과 주인을 나눈다. 조서 낭독을 마친 뒤에 인례는 천사를 인도하여 중간 계단에서 내려와 동쪽으로 임시 천막에 이른다. 왕이 옷을 갈아입기를 기다려 천사를 인도하여 중간 계단을 지나 동쪽으로 전에 오르고, 왕을 인도하여서는 중간 계단을 지나 서쪽으로 전에 오른다. 천사는 동쪽에 자리하여 서쪽을 향하고 왕은 서쪽에 자리하여 동쪽을 향하여 재배하고 차례로 앉는다. 왕의 자리는 부사와 마주하여 자리 반 정도 조금 아래다.

方交拜以成禮, 遂假譯以傳語.

맞절을 하여 예를 마치고 나서는 통역을 빌려 말을 전한다.

謂藩垣實小國之所宜, 而渙汗辱洪恩之覃溥.

이르기를, 울타리 담이 됨은 실로 소국의 마땅한 일인데, 성지를 받듦에 홍은의 깊고 넓음을 욕되게 합니다.

罄涓埃[152]而莫報, 雖殞越其何補?

적은 힘을 다해도 보답할 수 없으니, 죽는다 한들 무슨 도움이 되겠습니까?

惟日歌天保[153]之周詩, 冀遙祝日升之皇祜.

---

151) 조회나 제사와 같은 큰 행사가 있을 때, 그 의식을 인도하던 사람.
152) 적은 물과 티끌. 사소한 것. 미세한 것.
153) 『詩經』「小雅」"天保". 임금이 잔치를 베풀면 신하들이 이 노래를 불러 답하였다.

오직 날마다 "천보"라는 주나라 시를 노래하니, 해돋이 같은 황제의 복을 바라며 멀리서 빌 뿐입니다.

載詠隰桑154)之喜見, 載講春秋之禮序.
"습상"의 기쁜 만남을 읊으면서, 『춘추』의 예의의 제도를 강의합니다.

謂列國皆先乎王人, 矧淸光日近乎當宁155)也邪! **勤政殿序坐, 旣歠人參湯一盞. 畢, 王起身向前, 顧譯者張有誠‧李承旨傳言, 云「小國之臣, 尊事朝廷禮當, 而蒙勅書奬予如此, 洪恩難報.」予二人乃答云「朝廷以東國素秉忠敬, 故旣典視他國不同.」又擧手加額連稱「難報」. 語畢, 送予二人出弘禮門乘轎, 乃退. 予二人歸至太平館, 諸陪臣以次見畢, 王隨來設燕. 俟于館門外, 立東向不入. 執事者報, 予二人出迎, 乃揖讓入. 至庭交揖序坐, 擧酒獻酬. 將卒爵, 乃領二譯者使言曰「詩經有云『隰桑有阿, 其葉有那156). 旣見君子, 其樂如何?』 我得見二位大人, 心中歡喜不盡.」予二人亦稱其賢, 且敍謝其途次燕接之厚. 將卽席, 復與之禮讓. 乃云「春秋之禮, 王人雖微列於諸侯之上157), 矧二位大人是何等地位? 皆天子近臣. 今日遠臨小邦, 豈敢不讓?」又微笑謂二譯者曰「汝不曉『近臣』謂何, 乃是皇帝跟前行走的.」予二人亦笑答譯者云「素聞王讀書好禮, 今得見果然.」又拱手連稱「惶恐, 惶恐」.**

여러 나라가 다 왕의 미관이라도 앞세우는데, 하물며 의젓한 풍채로 날마다 가까이 조정에서 모시는 분이야 이를 것이 있겠습니까. 근정전에 차례로 앉은 뒤에 인삼탕 한 잔을 마시고 나서 왕이 몸을 일으켜 앞으로 나가 통역 장유성과 이승지를 돌아보고 말을 전하기

---

154) 『詩經』「小雅」"隰桑". 주자는 "군자를 만난 것을 기뻐하는 시"라고 하였다.
155) 宁는 고대 중국의 군주가 조회를 받기 위해 마련한 자리.
156) "隰桑" 첫 장에 那는 難(나)로 썼고 '무성하다'는 뜻이다.
157) 『春秋』僖公 8年 春 王正月에 보인다.

를, "소국의 신하로서 조정을 높여 섬기는 것이 예에 마땅한데, 칙서를 내려 이처럼 나를 격려하는 큰 은혜를 입었으니 갚기 어렵습니다."라고 하였다. 우리 두 사람이 이에 답하기를, "조정에서는 동국이 본디 충경을 지키기 때문에 은전을 다른 나라와 같이 하지 않습니다."라고 하였다. 또 손을 들어 이마에 대고 연이어 "보답하기 어렵습니다."라고 말하였다. 말을 마치고 우리 두 사람을 배웅하여 홍례문까지 나와 가마에 오르자 돌아갔다. 우리 두 사람이 태평관으로 돌아와 여러 배신들을 차례로 만나고 나자 왕이 따라와 잔치를 베풀었다. 관문 밖에서 기다리며 동쪽을 향해 서서 들어오지 않았다. 집사가 알려 우리 둘이 나가 맞이하니 이에 읍양하며 들어왔다. 뜰에 이르러 서로 읍하고 차례로 앉아 술잔을 들어 주고받았다. 마지막 잔을 들 때에 턱으로 두 통역에게 시켜 말하기를, "『시경』에 '아름다운 진펄의 뽕나무는 잎사귀가 무성하네. 군자를 만나보았으니 그 즐거움이 어떠하겠는가.'라고 하였는데, 내가 두 분 대인을 만나볼 수 있어 마음속 기쁨이 끝이 없습니다."라고 하였다. 우리 두 사람도 그의 어짊을 칭송하고 또 그 사행 길에 머무른 곳들의 후한 대접에 감사함을 말하였다. 자리에 나아가려 할 때에 다시 예양으로 어울렸다. 이에 말하기를, "『춘추』의 예에 왕의 미관이 비록 미미하나 제후의 윗자리에 세운다고 하였는데, 하물며 두 분 대인은 얼마나 높은 지위입니까. 다 천자의 가까운 신하입니다. 오늘 멀리 작은 나라에 오셨는데, 어찌 감히 사양하지 않겠습니까."라고 하였다. 다시 미소를 지으면서 두 통역에게 말하기를, "너희들은 '근신'이 무얼 말하는지 모르는데, 바로 황제 측근에서 오가는 사람이다."라고 하였다. 우리 둘도 웃으면서 통역에게 답하기를, "평소 왕이 글을 읽고 예를 좋아한다고 들었는데, 지금 만나보니 과연 그렇습니다."라고 하니, 다시 두 손을 맞잡고 연이어 "황공합니다. 황공합니다."라고 말하였다.

12

門廡158)殿庭, 皆踏以席, 賓主座分, 則加以襲.
 문의 회랑과 궁전 뜰에서는 다 초석을 밟는데, 빈주가 나뉘는 자리는 겹으로 더한다.

彼章數則虯並假而戢鱗, 此織文則鳳雙飛而展翼. **三席執事恒卷以隨, 交拜時各設之.**
 저 휘장 수는 규룡이 나란히 누워 비늘을 거두었고, 이 직물 무늬는 봉이 쌍으로 날면서 날개를 편다. **세 벌 자리는 집사가 항상 말아 가지고 따라다니다가 서로 절할 때에 각각 펴서 놓는다.**

食器也間用金銀銅瓷, 品物也率多海陸珍奇.
 식기는 금, 은, 동, 자기를 섞어 쓰고, 물품은 바다와 육지의 진기한 것을 골고루 갖추었다.

主獻賓一以華禮, 賓酢主亦用燕儀.
 주인이 손에게 잔을 드릴 때에는 한결같이 중화의 예로 하고, 손이 주인에게 잔을 되돌릴 때도 연회 의식을 따른다.

羅蜜餌數至五重, 絜盤堆大可尺圍.
 벌여 놓은 꿀떡 수는 다섯 겹에 이르고, 큰 접시에 담은 음식 더미는 둘레가 한 자나 되게 크다.

每器皆範銀銅爲闌干而綴以綠珠之絡索, 其上皆剪羅綺爲花葉而舞

---
158) 문의 좌우에 있는 길게 굽은 회랑.

以綵鳳之襬襂. 其列五重, 皆不用果實159). 以蜜和麵, 爲方圓餠餌, 油煎之頓挫. 周遭玲瓏疊累, 高大至尺許. 衛以白銀或白銅八角闌干, 綴以綠珠之網. 其上剪綠羅爲四花葉, 又剪紅羅爲四花瓣, 每瓣周遭以白銅小釘綴之, 如華之珍珠花樣. 其頂上乃以銅線纏五綵絲, 爲飛鳳ㆍ孔雀或飛仙. 鴑其尾展其翅, 首皆俯而向賓. 至送折俎160)則除之.

그릇마다 다 은과 구리로 모양을 내 난간을 만들어 푸른 구슬을 얽고 꼬아 장식하였고, 그 위에는 다 비단을 오려 꽃과 잎을 만들어 채색 봉의 솜털이 춤을 춘다. 그 줄은 다섯 겹인데 다 과실을 쓰지 않는다. 꿀로 밀가루를 반죽하여 만든 네모, 원형 떡을 기름에 지져 단락 지어 정돈하였다. 둘레를 영롱하게 첩첩이 쌓아 올려 높이가 한 자쯤 된다. 은이나 백동으로 팔각 난간을 두르고 푸른 구슬 줄로 장식하였다. 그 위에 푸른 비단을 오려 네 개의 꽃 잎사귀를 만들고 또 붉은 비단을 오려 네 개의 꽃잎을 만들어 꽃잎마다 둘레를 작은 백동 못으로 꿰매었으니 중화의 진주 자수 밑그림 같다. 그 꼭대기 위에는 구리줄로 오채 실을 감아 나는 봉, 공작이나 나는 신선을 만들었다. 꼬리를 추켜들고 날개를 펴 머리는 다 숙이고 손을 향하였다. 각상에 음식을 보낼 때에 거둔다.

豆籩161)取美觀瞻, 則以前大後小爲序, 陳列取宜嚮背, 則以外高內低爲差. 其案一字橫列, 每案皆然.

음식을 담는 그릇들은 보기 좋게 앞에는 큰 것 뒤에는 작은 것을 차례로 놓고, 진열은 앞뒤를 맞춰 바깥쪽은 높고 안쪽은 낮게 하여 차이를 낸다. 그 상은 '一'자 모양 가로로 진열하는데 상마다 다

---

159) 북경대학본에는 "菓寔", 『國朝典故』 소재본을 따른다.
160) 俎(조)는 犧牲(희생)을 담는 제기, 折(절)은 해체하는 것으로 折俎란 고대에 잔치 큰상에 차린 희생을 해체하여 제기에 담는 것. 생각건대 오늘날 연회에서 차린 음식을 먹기 편하게 앞 접시에 배식하는 절차와 같은 것일 것이다.
161) 나무로 만든 식기를 豆(두), 대나무로 만든 것을 籩(변)이라 함.

그렇다.

間設羞以糝食162), **亦能爲華之米糕163), 蔘花之類**. 雜醢醯以醬虀. 酒則醞釀以秔, 不用秫米. 雖從事之出靑州者164)殆未能與之優劣, 色香溢罍, 而督郵之出平原者165)遠則不敢望其藩籬. **酒味絶類山東166)之秋露白167)**, 色香亦同.

맛 좋은 안주들에 쌀가루 국도 끼어 있고, **또한 중화의 쌀 떡과 어꾀 떡 따위를 잘 만든다**. 국물이 많은 육장에 장조림을 섞었다. 술은 멥쌀로 빚는데, 수수쌀은 쓰지 않는다. 비록 좋은 술 청주종사로도 우열을 다툴 수 없고, 빛과 향기가 잔에 넘치면 맛없는 술 평원독우는 멀리서 감히 그 울타리도 바라보지 못한다. 술맛이 뛰어나 산동의 추로 백주와 비슷한데, 빛과 향기도 같다.

按排一字, 中覆以絹. 一字橫列之案, 惟中一案以紅絹覆之, 上加油紙, 于上布器.

'一'자로 안배하고 가운데는 명주로 덮는다. '一'자 횡렬 상들은, 가운데 한 상만 붉은 명주로 덮고, 위에 기름종이를 깔고 그 위에 그릇을 늘어놓는다.

左右翼三, 皆陳籩牢.

---

162) 쌀가루를 섞어 끓인 국.
163) 糕(고)는 쌀가루나 밀가루에 다른 재료를 넣어서 찐 떡으로 시루떡이나 카스텔라 같은 부류.
164) 靑州從事는 좋은 술을 일컫는 은어. 청주 齊縣 술은 마시면 툭 트여 배꼽[臍:제]까지 내려가므로 직무가 어렵지 않은 청주 종사 벼슬에 비유하였다고 한다.
165) 平原督郵는 맛없는 술 또는 탁주의 은어. 평원 鬲縣 술은 마시면 막혀 가슴[膈:격]에서 체하므로 직무가 어려운 평원 독우 벼슬에 비유하였다고 한다.
166) 중국 태항산(太行山) 동쪽 땅.
167) 아마 가을 이슬처럼 맑은 白酒를 말한 것 같다.

좌우익 세 자리에는 잔치에 쓸 희생을 진열한다.

近坐一筵, 俟卽席王乃自擧, 初卽席, 見所設坐椅離案三尺餘, 莫曉所以. 及見王自擧一案而來, 乃知其自欲中敬故然. 充盤諸饌, 遇當割臣必親操. 饌有牛羊豕鵝四品, 皆熟之. 最後一案, 乃置大饅頭168)一盤, 上以銀爲蓋蓋之. 一大臣操刀入, 割牲畢, 剖其大饅頭之皮, 中皆貯小饅頭如胡桃大, 殊可口.

자리 가까이의 안석 하나는 자리에 나아가기를 기다려 왕이 손수 들고, 처음 자리에 나아갈 때에는 안석이 상에서 세 자쯤 떨어져 놓여 있는 것을 보고 까닭을 몰랐다. 왕이 손수 안석 하나를 들고 오는 것을 보고서야 그것이 몸소 공경을 나타내려고 그렇게 한 것임을 알았다. 쟁반에 가득한 희생들을 자르게 되면 신하가 반드시 친히 잡는다. 희생에는 소, 양, 돼지, 거위 네 종류가 있는데 다 익혔다. 마지막 한 상에는 큰만두 한 쟁반을 두었는데, 위는 은으로 덮개를 만들어 덮었다. 한 대신이 칼을 잡고 들어와 희생을 자르고 나서 그 큰만두 껍질을 가르는데, 속에는 다 호도 크기만 한 작은 만두가 들어 있는데, 아주 입에 맞다.

示特殺則牲皆獻心, 取肥甘則腸三實營. 羊背肉之上貫羊腸三, 中實以炙及諸果.

수소를 보이고 죽이면 희생은 다 심장을 올리고, 살지고 맛난 것을 가져다가 창자 세 개에 기름을 채웠다. 양 등살 위에 양 창자 세 개를 꿰고, 속은 구운 고기와 과실들로 채웠다.

續獻169)則先同姓封君170), 其同姓之賢者皆封君, 總謂之「王臣」. 其

---

168) 잘게 빚은 여러 개의 만두를 큰 껍질로 싸서 사발덩이만 하게 빚어 만든 만두. 지난날, 중국에서 온 사신을 대접할 때 썼음.

羣臣有武功者亦封君, 文職有功者封亦然. 次乃以及政府六曹. 獻時, 王必出席, 獻者升降, 王皆隨之.

첫잔에 이어 올리는 잔은 동성으로 군에 봉해진 이가 먼저 하고, 그 동성의 현인을 다 군에 봉하는데, 모두 스스로를 왕의 신하라고 부른다. 그 여러 신하 가운데 무공이 있는 자도 군에 봉하고, 문관직으로 공이 있는 자를 봉하는 것 또한 그렇다. 다음에 의정부 육조에 미친다. 잔을 올릴 때 왕이 반드시 자리에 나와 올리는 사람이 오르고 내릴 때마다 왕이 그를 따른다.

湯一進必以五碗爲數, 王不自進, 惟此禮與華不同. 器累疊不以盈尺爲高. 其食案甚小, 燔炙之進旣多, 則累而疊之.

탕을 한 번 올릴 때는 반드시 다섯 사발을 법도로 삼고, 왕이 손수 올리지 않는다. 오직 이 예만은 중화와 같지 않다. 그릇을 포개어 쌓을 때는 높이가 자를 채우지 않게 한다. 그 음식상이 아주 작은데 구워 올린 것이 너무 많으면 포개어 쌓는다.

几案不容, 則徹於蹈籍之席, 肴羞與湯再進則無容處, 以几案上者徹置席間之地, 此則其國俗然也. 腥膻旣飫, 乃進以濶沮之毛.

궤안에 다 놓이지 못하면 깔아 놓은 자리에 거두고, 안주와 탕을 다시 올리면 놓일 자리가 없으므로 궤안 위의 것을 거두어 좌석 사이의 바닥에 놓는데, 이것인즉 그 나라 풍속이 그렇다. 고기를 배불리 먹고 나면 나물을 올린다.

從官皆鵠俟於中外, 執事者進出皆叩頭. 閽譯則俯伏於周遭. 閽者皆

---

169) 첫 잔에 이어 잔을 올리는 것.
170) 조선시대에 임금의 적자를 대군에, 서자 및 왕비의 부친, 2품 이상의 종친, 공신 등을 군에 봉하였다.

爲烏紗帽171), 黑角帶172), 俯伏捧王坐椅之周. 通事, 承旨則左右俯伏, 以伺傳言. 予二人坐後通事亦俯伏, 但無闠者.

시종관은 다 안팎에서 반듯이 서서 기다리고, 집사자는 출입에 다 머리를 조아린다. 내시와 통역은 주위에 고개를 숙이고 엎드려 있다. 내시는 다 오사모, 흑각띠를 하고 부복하여 왕이 앉은 의자 주변에서 받들고 있다. 통사, 승지는 좌우에 부복하여 전언을 기다린다. 우리 두 사람 자리 뒤 통사도 부복하고 있고, 다만 내시는 없다.

蓋三燕太平也, 禮皆同而文不殺, 一燕仁政也, 誠益至而力益勞. 太平館初宴爲下馬燕, 再燕爲正燕, 三燕爲上馬燕. 仁政殿之燕則名私燕173)也. 初疑此禮似未當, 欲與議更張, 及至, 乃知太平、慕華二館其制皆殿, 專爲奉迎天詔而設, 無事時王則不造及. 觀其每來設燕, 必先於館門外小殿俟候乃入, 乃知不必更張.

대개 세 번 여는 태평관 잔치는, 예가 다 같아 의식을 감한 것이 없고, 한 번 여는 인정전 잔치는, 정성이 더욱 지극하여 힘을 더욱 쏟는다. 태평관 첫 잔치는 말에서 내린 잔치이고, 다음 잔치가 본 연회이며, 세 번째 잔치는 말에 오르는 잔치이다. 인정전의 잔치인즉 이름이 개인의 연회이다. 처음에는 이 예가 당찮은 것 같아 함께 의논하여 고치려 하였으나 태평, 모화 두 관사는 그 제도상 다 전각으로서 오로지 천자의 조서 영접만을 위하여 지은 것으로 일이 없을 때에는 왕이 가지 않는다는 것을 알게 되었다. 왕이 와서 잔치를 베풀 때마다 반드시 먼저 관사의 문 밖 작은 전각에서 기다리다 들어오는 것을 보고서야 고칠 필요가 없음을 알았다.

---

171) 지난날, 관원이 관복을 입을 때 쓰던, 검은 사(紗)로 만든 모자. 오늘날에는 흔히 전통 혼례 때 신랑이 쓴다.
172) 조선시대에 벼슬아치의 예복에 두르던 검은빛의 각띠.
173) 왕 개인이 베푸는 연회라는 뜻으로 쓴 것 같다.

比予竣事東歸, 趣車言邁, 王則先出慕華, 列燕以待.
내가 일을 마치고 동쪽에서 돌아가려고 수레를 서두르라 재촉할 즈음, 왕인즉 먼저 모화관에 나와 잔치를 벌여 기다렸다.

語益丁寧而不厭, 禮益勤渠而匪懈.
말은 더욱 친절하여 싫지 않았고, 예는 더욱 정성스러워 게으르지 않았다.

荷修爵174)之無算, 辱善言之至再.
천작을 닦는다고 한 그지없는 은혜를 입었고,
좋은 말을 두 번이나 해준 분에 넘치는 대우를 받았다.

至誦軻書之重內, 繆許予黨爲皆能. 及引老氏之贈言175), 自慊其才之不逮.
『맹자』의 소중한 내용을 외우기까지 하면서 우리를 다 능하다고 잘못 칭찬하였고, 또 안자가 좋은 말을 해준 고사를 인용하고도 스스로 그 재주가 미치지 못함을 한스러워하였다.

意蓋將贈予以詩句, 惜不爲予黨所解也. 是日, 王以予二人屢卻其饋, 乃假譯者道意云:「自我祖宗176)來, 凡天使遠臨, 皆有微物將意. 今看二位大人如此, 我惶恐再不敢言矣. 但我聞得古人云:『仁者贈人以言, 不仁者乃贈人以金.』我卽不能爲言, 徒以微物褻瀆, 心中甚惶恐. 我又曾記得

---

174) 천작(天爵)은 하늘이 준 작위라는 뜻으로, 남에게 존경을 받을 만한 타고난 덕행이나 미덕을 이르는 말이고, 인작(人爵)은 사람이 정해 준 지위라는 뜻으로, 공경대부의 벼슬을 이르는 말이다.
175) 『晏子春秋』 "曾子將行, 晏子送之而贈以善言."
176) 임금의 시조와 중흥의 조라는 뜻에서 온 말로, 당대 이전의 역대 임금을 통틀어 이르는 말.

孟子有云:『古之人修其天爵而人爵從之.』177)　二位大人眞修天爵者. 此回必蒙殊恩, 此便是我贈言.」予二人亦以「荷王愛我以德178)」答之. 予飮未醺, 乃領譯者:「請盡此一杯, 明日蓋有天淵之隔179)矣.」譯者乃誤以「天淵」爲「天遠」, 予二人解其語音而爲之申說. 王乃笑, 乃送出門, 又出酒勸, 復有遠別千里之言. 譯者又誤傳「遠別」爲「永訣」, 蓋張有善華語而少讀書, 李承旨讀書而不熟華語. 每觀其傳言至汗發而猶未達, 殊可笑. 是夜, 宿碧蹄館. 聞許吏曹談王喜作詩, 始悟其意.

　뜻은 아마 시구를 주려고 하였을 터인데, 아깝게도 우리들이 알아듣지 못했던 것이다. 이날 왕은 우리 두 사람이 여러 번 그 선물을 물리치자 통역을 통해 뜻을 말하기를, "우리 조종 때부터 무릇 천자의 사신이 멀리서 오면 다 보잘것없는 물건으로 뜻을 전했습니다. 이제 두 분 대인의 이와 같음을 보니, 나는 황공하여 다시 감히 말하지 못하겠습니다. 다만 나는 옛 사람이 한, '어진 이는 사람에게 말을 주고, 어질지 않은 이는 사람에게 금을 준다.'라는 말을 들을 수 있었습니다. 나인주 말로 하지 못하고 한갓 보잘것없는 물건으로 욕되게 하였으니 마음속으로 매우 황공합니다. 나는 또 맹자가 한, '옛날 사람은 그 천작을 닦으면 인작이 그에 따라왔다.'라는 말이 생각나는데, 두 분 대인이 참으로 천작을 닦은 분들입니다. 이번에 돌아가면 반드시 특별한 은혜를 입을 것이니, 이것이 바로 내가 주는 말입니다."라고 하였다. 우리 두 사람도 "왕이 우리를 덕으로 사랑해주신 은혜를 입었습니다."라고 답하였다. 우리가 다 마시지 않자 통역을 불러 "이 한 잔을 다 드십시오. 내일이면 아마 하늘과 못만큼 떨어져 있을 것입니다."라고 하였다. 통역이 '천연(天淵)'을 '천원(天遠)'으로 잘못하여 우리 두 사람이 그 어음을 알아듣고 설명해 주었다. 왕이 웃고 송

---

177) 『孟子』「告子 上」 16장.
178) 『禮記』「檀弓 上」 "君子之愛人也, 以德."
179) 높은 하늘과 깊은 못 사이의 거리. 아주 멀다는 뜻.

별하며 문을 나와 또 술을 내어 권하고, 다시 멀리 천리로 헤어진다는 말을 하였다. 통역이 또 '원별(遠別)'을 '영결(永訣)'이라고 잘못 전하였는데, 아마 장유는 중국어는 잘하지만 독서가 적고 이 승지는 글은 많이 읽었지만 중국어에 익숙하지는 못해서일 것이다. 매번 그가 말을 전하는 것을 보면 땀을 빼면서도 여전히 통하지 못하는 게 자못 우스웠다. 이날 밤, 벽제관에서 잤다. 왕이 시 짓기를 좋아한다는 허이조의 말을 듣고서야 비로소 그 뜻을 깨달았다.

제3장 조선을 회상함

13

乃若山川道里, 浹月所經, 風物人情, 五日所得.
산천 따라 여정은 한 달간이나 지났으나, 풍물과 인정은 닷새만에 안 것이다.

雖不具知, 亦頗記憶.
비록 구체적으로 알지는 못하지만, 또한 상당히 기억한다.

成均國學180), 負山枕涯, 前後殿堂, 左右庭階. **聖殿在前, 明倫堂在後, 四學分東西.**
국학 성균관은 산을 지고 물가에 임했는데, 앞뒤로 전당이 있고 좌우에 뜰 계단이 있다. **대성전은 앞에 있고 명륜당은 뒤에 있으며, 사학은 동서로 나뉘어 있다.**

官有大小司成181), 徒有上下寄齋182). **生員進士居者曰「上齋」, 升學**

---

180) 『성종실록』 19년 3월 19일(계미)조 "伴送使許琮馳啓曰: 天使到臨津, 舟中設小酌, 從容談話. 天使語臣曰: 前者詣成均館時, 請書學令以來, 今來否? 臣答曰: 已書來矣. 兩使卽令取來看了, 謂臣曰: 儘好. 此本國大段美事也. 兩使又移坐相近, 同看學令, 密語良久, 大抵皆稱嘆之語."
181) 정삼품 대사성과 종삼품 사성. 좨주(祭酒)라고도 불렸던 대사성은 성균관의 최고 관직으로 학덕이 높은 사람을 시켰는데, 주로 석전(釋奠)의 제례를 맡았다.
182) 성균관 학생들은 동재(東齋)와 서재(西齋)에 거처하며 공부하였다. 상재(上

居者曰「下齋」. 生員卽三歲以明經[183])取者, 進士卽以詩賦[184])取者, 升學卽民間俊秀也, 又謂之「寄齋」.

관직으로는 대사성, 사성이 있고, 학도로는 상재, 하재, 기재가 있다. 생원, 진사로서 거처하는 자를 상재라 하고, 승학으로서 머무르는 자를 하재라 한다. 생원은 3년마다 명경으로 뽑은 사람이고, 진사는 시부로 뽑은 사람이며, 승학인즉 민간의 준수한 사람이니 기재라고도 한다.

西京所不能儗, 開城所不能偕.
서경 것도 견줄 수 없고, 개성 것도 비할 수 없다.

則在乎祭不像設以瀆亂, 徒有進造爲朋儕也.
제사에 당하여 소상을 세워 더럽히고 어지럽히지 않으며, 학도는 공부가 나아감이 있어야 친구로 삼는다.

14

畿內之景, 漢江[185])爲勝.
기내의 경치로는, 한강이 제일이다.

樓[186])高礙雲, 水碧浮鏡.

齋)는 동, 서재의 위쪽에, 하재(下齋)는 아래쪽에 거처한 데서 나온 이름이다. 기재(寄齋)는 하재의 아래쪽 구석에 기거하였다.
183) 조선 시대, 경서(經書)에 정통한 사람을 뽑는 과거에서, 시험관이 지정하는 경서 중의 몇 구절을 욈.
184) 명경과를 통해 생원을, 제술과를 통해 진사를 선발하였다.
185) 『皇華集』 上, 917頁에 董越의 「泛漢江」이 있다.
186) 위 916頁에 「三月望日登漢江樓」가 있다.

높은 누대는 구름을 막고, 푸른 물은 떠 있는 거울이다.

渡有楊花[187], 物亦繁盛.
양화라는 나루가 있는데, 물산 또한 번성하다.

萃八道之運餉, 爲一國之襟領[188].
팔도에서 가져온 군량이 모이는, 한 나라의 요해처가 된다.

最高亭俯瞰長干[189], 百濟國接聯舊境.
가장 높은 정자에서 물가를 따라 남쪽을 굽어보면, 백제국의 옛 경계에 잇닿아 있다.

予嘗爲之放舟倚馬爲一日之游, 彼亦自慶其樂事賞心出百年之幸也.
나는 예전에 뱃놀이도 하고 말도 타면서 하루 유람을 한 적이 있는데, 저들도 그 즐거웠던 일과 즐겼던 마음은 백 년 만의 행운이라며 스스로 경하하였다.

15

達巷通衢, 正直無曲, 截然簷阿[190], 巋然華屋.

---

187) 위 918頁에 「楊花渡」가 있다. 한강은 용산에 이르러 서북 방향으로 흐름을 바꿔 도성의 서쪽을 흐르게 된다. 西江이란 이름은 아마 여기에서 유래했을 것이다. 서강의 나루가 양화 나루였다.
188) 襟(금)은 합수머리, 領은 옷깃, 중요한 곳이란 뜻으로 襟領은 교통 요충지, 요해처라는 뜻이 된다.
189) 중국 南京의 남쪽에 長江을 따라 長干里가 있다.
190) 처마. 簷阿를 번역한 말. 簷下, 簷牙 등으로도 쓰인다.

트인 거리와 통하는 네거리는 바르고 곧아서 구부러짐이 없고, 잘라낸 것 같은 처마의 우뚝 선 화려한 집.

百家則出高墻以隔風火, 每室皆穿北牖以避炎燠.
모든 가옥인즉 높은 담을 내 바람과 불을 막고, 집집마다 북쪽 들창을 뚫어 더위를 피한다.

蓋其外皆分授於官, 而貧富不得異制, 其內乃獲由己, 而結構惟其所欲也. **其通衢兩邊皆官廊, 覆以瓬瓦, 分授居民, 其外莫辨其孰爲貧富. 至內, 其室屋乃有不同者.**
그 바깥은 다 관에서 나누어 주므로 빈부 때문에 제도를 달리 할 수 없고, 그 안은 자기들이 얻은 것이기에 그 하고 싶은 대로 짓는다. 그 통하는 네거리 양쪽은 다 관청으로 반원통형 기와를 덮었는데, 주민들한테 나누어주어 그 바깥만으로는 누가 가난하고 부자인지 분별할 수 없다. 안으로 들어가서야 그 집안이 같지 않다는 것을 비로소 안다.

16

官府之署, 制亦不殊. 皆有堂寢, 皆飭廉隅. 樓翼闌楯, 梁冒侏儒.
관부 청사의 제도 또한 다르지 않다. 다 마루와 방이 있고, 다 모서리를 꾸미었다. 누각은 난간을 날개처럼 내고, 들보 위에 동자 기둥을 세웠다.

館傳191)壁間, 盡塗以水墨不工之畫, 戶牖合處, 皆寫以混沌初分之

圖192).

관사와 객사의 벽 사이에는 다 수묵으로 그린 변변찮은 그림을 발라 놓았고, 두 창문이 맞물리는 곳에는 다 태극무늬를 그려 놓았다.

此則未必盡然, 予但據所見而直書也.
이것은 꼭 다 그런 것은 아니겠고, 내가 본 것만을 근거로 하여 그대로 쓴 것이다.

17

貧壁編篠, 索綯以完.
가난한 집의 벽은 조릿대를 엮어, 새끼줄로 얽어 마무리하였다.

其上則覆以茅茨, 其空則塞以泥丸. 其壁取荊榛之類, 直竪而不編, 以草繩約之. 繩約處如網罟之目, 每一目以一泥丸塞之. 王都小巷如此, 若塗間所見者則全用泥塗.
그 위는 띠로 덮었고, 그 구멍은 진흙덩이로 막았다. 그 벽은 가시나무나 개암나무 따위를 가져다 반듯이 세우고, 엮지 않고 새끼로 묶는다. 새끼로 묶은 곳은 마치 그물눈 같은데, 한 개 눈마다 한 개 진흙덩이로 막았다. 왕도의 작은 마을은 이와 같고, 도중에서 본 것은 온통 진흙으로 발랐다.

---

191) 館은 지난날, 외국 사신을 머물게 하던 館舍. 傳은 역참에 설치한 客舍.
192) 우주의 혼돈 상태에서, 처음에 하늘은 위로 땅은 아래로 나누어진다는 생각을 도식화한 그림이라는 뜻으로 태극무늬를 말한다.

有荊棘反出簷端者, 有棟宇僅如困盤者.

가시나무가 거꾸로 처마 끝에까지 나온 집도 있고, 마룻대와 처마가 겨우 둥근 쟁반만한 집도 있다.

此比鳳凰雖不足千仞之擧, 而視鷦鷯亦可託[193]一枝之安也[194].

이것을 봉황에 비하면 비록 천 길을 날아오르기에는 부족하지만, 뱁새를 보면 가지 하나의 편안함에 의탁할 수도 있다.

18

富則陶瓦皆甋, 而廡序之翼東西者棟反簪出於南北, 塗墍皆土, 而堂寢之位前後者脊反低下於中間. **堂寢皆一間, 廡序乃反三間.**

부잣집은 구운 기와가 다 반원통형이며 곁채 담이 동서로 뻗은 집은 마룻대가 거꾸로 남북으로 솟아나왔고, 맥질은 다 흙으로 하였고 마루와 방이 앞뒤로 있는 집은 용마루가 도리어 중간보다 낮다. **마루와 방은 한 간인데 곁채가 도리어 세 간이다.**

門則皆循東序之棟, 設梯以升, 必矩步乃可達於堂寢, 其門雖皆南向, 然不自中開, 皆就東廡之棟南向以開, 以基多高, 故須梯升. 其面東西者亦然. 地則皆畏下濕之沾, 鋪板以隔, 若跌坐則皆藉以茅菅. **俗皆席地而坐. 人設一四方蒲團[195], 以布帛爲一大枕, 中塞以草, 爲坐者所依凭. 官府則以滿花坐[196]爲蒲團. 其制亦方, 以綠色紵絲蒙草枕. 行則人負以隨.**

---

193) 북경대학본에는 "托", 『國朝典故』 소재본을 따른다.
194) 『莊子』「逍遙遊」viii "鷦鷯巢於深林不過一枝."
195) 본래는 승려가 좌선하거나 또는 엎드려 절하는 데 쓰는 부들로 만든 자리를 말한다.

문은 다 동편 방 마룻대를 따라 돌기 때문에 사다리를 놓아 올라가 반드시 바르게 걸어야 마루와 방으로 갈 수 있고, 그 문이 다 남향이지만 가운데로 열지 않고, 다 동편 곁채 마룻대로 나아가 남향으로 여는 것은 터가 높은 곳이 많기 때문이고, 그래서 사다리를 놓아야 올라갈 수 있다. 그 동향, 서향인 것도 그러하다. 바닥은 다 지대가 낮아 습기에 젖는 것을 저어해서 판자를 깔아 막고, 만약 책상다리로 앉으려면 다 띠나 솔새를 깔아야 한다. 풍속이 다 바닥에 자리를 깔고 앉는다. 사람들은 하나의 네모진 포단이나 베와 비단으로 만들어 속에 풀을 채운 하나의 큰 베개를 앉는 사람이 의지하여 기대게 놓는다. 관부에서는 왕골 방석을 포단으로 쓴다. 그 제도 역시 네모이고 녹색 모시로 풀을 넣은 베개를 썼다. 행차할 때는 사람이 지고 따른다.

所不可曉者, 家不豢豕, 蔬不設樊.
알 수 없는 일은 집에서 돼지를 치지 않고 채소밭에 울타리를 치지 않는 것이다.

引重則惟見牛馬, **用馬馱者爲多, 用牛者亦少**. 芻牧絶不見羊豞.
무거운 짐을 끄는 것은 단지 우마만 보이고, **말 짐바리를 부리는 사람이 많고 소를 부리는 사람은 적다.** 목축에는 양이나 산양을 전혀 볼 수 없다.

鮮食則蹄筌山海, 蔬茹則采掇江灣. **自平安至黃海二道所見皆如是**.
생선과 고기는 산과 바다에 올무나 통발을 치고, 푸성귀와 야채는 강이나 물굽이에서 캐고 줍는다. **평안에서 황해까지 두 도에서 본 것이 다 이와 같다.**

---

196) 花紋席이 꽃돗자리인 점을 감안하면 滿花坐는 아마 꽃방석 이전의 모양을 내서 짠 왕골 방석을 말한 것일 것이다.

有至老村氓而不一沾豕味者, 有偶沾燕賜而卽夢踏菜園197)者. 官府乃有羊豕, 鄕飮時或用之.

촌백성은 늙을 때까지 한 번도 돼지고기 맛을 못 본 이가 있고, 우연히 잔치에서 주는 것을 먹고 나서 채소밭을 밟는 꿈을 꾼 이도 있다. 관청에나 양이나 돼지가 있어 향음주례 때에 더러 쓴다.

與夫貧則皆葬山椒, 貴乃卜宅郊原. 自平安、黃海, 一路望山顚198)如睥睨, 列者皆墳也. 貴者乃擇形勢, 有華表199)、石羊之類, 然亦不見樹碑.

가난한 사람은 대개 산정에 장사지내고, 귀한 사람이라야 교외 벌판에 묏자리를 잡는다. 평안 황해로부터 오는 길에 산꼭대기를 바라보면 성가퀴처럼 벌여 있는 것이 다 무덤이었다. 귀한 사람이라야 형세를 택하여 화표와 석양 따위를 세우지만 비를 세운 것은 볼 수 없었다.

此皆出殊方異俗而不必深考細論也.

이는 다 이역의 다른 풍속에서 나온 것으로, 굳이 깊이 생각하고 자세히 논할 것까지는 없다.

19

人露總環, 以分貴賤. 其國總髮之網巾皆結以馬尾, 以環定品級. 一品玉二品金三品以下銀, 庶人則骨角銅蚌之類而已.

---

197) 三國 魏 邯鄲淳의 『笑林』에 나온 이야기 - 옛적에 어느 사람이 늘 채소만 먹다가 한번은 양고기를 먹었더니 꿈에 오장신(五臟神)이 와서, "양이 채소밭을 밟았다(洋踏菜園)."고 하였다.
198) 북경대학본에는 "巓", 『國朝典故』 소재본을 따른다.
199) 무덤 앞에 세우는, 여덟 모로 깎은 한 쌍의 돌기둥. 望柱石.

사람들은 망건의 관자를 드러내놓아 귀천을 구분한다. 그 나라에서는 머리털을 싸매는 망건은 다 말의 꼬리로 짜며 관자로 품급을 정한다. 1품은 옥이고 2품은 금이며 3품 이하는 은이고 서인은 뼈, 뿔, 구리, 대합 껍질 따위이다.

童留胎髮, 不間後先.
아이의 배냇머리를 남겨 선후를 분간 못 한다.

有甫孩提而髮已垂肩者, 有歲六七而角總丱[200]然者.
겨우 두세 살에 머리털을 벌써 어깨에 드리운 아이도 있고, 예닐곱 살에 뿔 모양으로 싸매어 양쪽에 동여맨 아이도 있다.

揆其留固以遺體當重[201], 欲其露所以戴弁皆前也.
그 보존하는 마음을 헤아리건대 진실로 물려준 몸을 중하게 여기기 때문이고, 그 드러내고자 함은 아직 갓이나 치포관을 쓰기 전이기 때문이다.

20

民戴草帽[202], 頷皆垂珠.
백성들은 초립을 쓰는데, 턱에는 다 구슬을 드리운다.

---

200) 아이의 머리를 두 갈래로 갈라 머리 위 양쪽에 뿔처럼 동여맨 것.
201) 『孝經』 "身體髮膚, 受之父母, 不敢毁傷, 孝之始也."
202) 草笠. 지난날, 冠禮한 어린 남자나 별감, 서리, 광대 등이 썼던 매우 가는 풀줄기로 결은 누른 갓.

頂或圓方, 色皆黑盧203).
꼭대기는 둥글거나 모나며, 색깔은 모두 검다.

輿皂204)則穿四葉靑衫205), 頂加揷羽, 庸人則衣數重麻布, 步曳長裾.
아전은 네 가닥의 청삼을 입고 정수리에는 깃을 꽂으며, 보통 사람은 여러 겹의 삼베옷을 입고 긴 옷자락을 땅에 끌며 걷는다.

惡誼譁則銜枚206)道路, 止衝突則曳杖庭除. **皂隸四葉之衫, 惟平安, 黃海二道者如此, 京畿不然. 曳杖之人皆選長身者, 亦戴大帽, 穿黃色土布, 員領繫條, 但不揷羽.**
시끄러움을 싫어하여 도로에서는 입에 하무를 물리고, 충돌을 방지하려고 뜰에서는 지팡이를 끈다. 말단 관원의 네 가닥 청삼은 평안, 황해 두 도만 이와 같고 경기는 그렇지 않다. 지팡이를 끄는 사람은 다 키 큰 사람이 뽑혀 또한 깔때기를 썼고 황색 무명베 옷을 입었으며 둥근 옷깃에는 노끈을 달았는데, 다만 정수리에 깃을 꽂지는 않았다.

履制以皮, 雖泥行亦所不恤, 襪縛於袴, 縱水涉亦所不拘.
신은 가죽으로 만들어 진흙땅을 다녀도 걱정이 없고, 버선은 바지에 묶어 물을 건너도 지장이 없다.

衣皆素白而布縷多麤, 裳則離披而襞積亦疏.
옷은 대개 새하얀데 베올이 많이 거칠고, 치마는 펄렁거리는데 주름 또한 성기다.

---

203) 북경대학본에는 "爐", 『國朝典故』 소재본을 따른다.
204) 하급 관리. 『春秋左氏傳』 「昭公 7年」 조 가운데 "土臣皂, 皂臣輿, 輿臣隸" 가 보인다.
205) 옛날, 하급[말단] 관리의 복장.
206) 지난날, 군졸들이 떠들지 못하도록 입에 하무(나무 막대기)를 물리던 일.

背有負則且俯且行有如龜曝, 其俗男子皆任在肩. 尊有命則且蹲且進有若鳧趨. 其俗見人以蹲踞爲敬, 有召命, 亦蹲跪趨進而答之.

등에 짐을 지고서 수그리고 가는 것은 거북이 볕을 쬐는 것 같고, 그 풍속에 남자들은 다 어깨에 짐을 진다. 어른의 명이 있으면 쭈그리고 나가는데 오리가 걷는 것 같다. 그 풍속에 사람을 보면 쭈그리고 앉는 것으로 공경을 표하고, 부르는 명이 있으면 쭈그려 무릎을 꿇은 채로 서둘러 다가가서 대답한다.

人必三八乃擧一輿, 行不一舍又易百夫.

반드시 스물네 사람이 한 가마를 메는데, 가다가 삼십 리도 못 가서 또 백 사람이나 바꾼다.

蓋於重皆不能以肩任, 宜於此皆以手擧扶也. 一輿前後通用二十四人, 扶翼者又在外. 其輿如華之交椅207)而足短, 左右夾二長杠亦與華同. 座下設一橫木, 長與座下橫木同. 欲擧時, 以紅綿布就橫木兩端繞之, 人但以布着肩, 以手擧扶而行. 又于輿之中間, 從後至前, 直施長綿布二幅, 分着人之兩肩, 如馬之駕轅狀, 取其不偏. 出其餘令十數人前曳之.

대개 무거운 것을 다 어깨로만 질 수는 없으므로, 마땅히 이렇게 다 손으로 붙들어야 한다. 가마 한 채에 앞뒤로 통상 스물네 사람을 쓰고, 곁에서 붙드는 사람이 또 바깥쪽에 있다. 그 가마는 중화의 교의와 같은데 다리가 짧고, 좌우에 두 개의 긴 가마채를 끼운 것도 중화와 같다. 자리 밑에 횡목 하나를 설치하였는데 길이는 자리 밑의 횡목과 같다. 들려고 할 때에는 붉은 무명으로 횡목 양단을 감아 매어, 가마꾼은 다만 베를 어깨에 메고 손으로 붙들고 가면 된다. 또 가마 중간에는 뒤에서 앞으로 긴 무명 두 폭을 반듯이 날아 가마꾼의 양 어깨에 나누어 걸어 마치 말 수레의 끌채 모양과 같게 하여 한쪽으로 치

---

207) 등받이와 팔걸이가 있고 다리를 접을 수 있는 옛날 의자.

우치지 않게 한다. 그 나머지 십여 명은 앞에서 끌게 한다.

21

女鬢掩耳, 不見佩璫.
여자들의 귀밑털은 귀를 덮어 귀고리가 보이지 않는다.

首戴白圈208), 直壓眉眶. **自開成府至王京, 夾道所見皆如此.**
머리에는 흰 테를 써 바로 눈썹을 내리눌렀다. **개성부로부터 왕성까지의 길가에서 본 것이 다 이와 같았다.**

富貴者面乃蔽以黑繒209), **富貴家女婦, 首戴一匡如大帽210), 簷垂黑繒以蔽其面. 雖蔽面亦避人, 王京乃有之. 貧賤者頸不掩於素裳.**
부귀한 자는 얼굴을 검은 깁으로 가렸고, 부귀한 집 부녀는 머리에 광주리 같은 큰 모자를 쓰고 챙에 검은 깁을 드리워 그 얼굴을 가렸다. 얼굴을 가릴 뿐만 아니라 사람을 피하기도 했는데 왕성에도 있었다. 빈천한 자는 목을 흰 쓰개치마로 가리지 못한다.

有位而尊乃許乘輿出入, 無位雖富止許約馬超驟. **二句出許吏曹所具211)風俗帖中.**
지위가 있고 존귀하여야 가마 타고 출입하는 것을 허락하고, 지위가 없으면 부자라도 작은 말에 올라 빨리 지나가는 것만을 허락

---

208) 아마 아얌[耳掩]을 말한 것일 것이다.
209) 너울[羅兀]을 말한 것이다.
210) 전모(氈帽) - 지난날, 여자들이 나들이할 때 쓰던 모자의 한 가지.
211) 북경대학본에는 "其", 『國朝典故』 소재본을 따른다.

한다. 두 구는 허 이조가 마련해 준 『풍속첩』 속에 나온다.

襪履布韋, 足皆縱而不束, 履, 賤者牛皮, 貴者鹿皮. 襪多用布. 三四通事說皆同. 衣襦布帛, 袖則闊而不長.
버선과 신은 베와 가죽인데 발은 다 풀어놓고 묶지 않았고, **신은 천한 사람은 소 가죽, 귀한 사람은 사슴 가죽이다. 버선은 베를 많이 쓴다. 서너 명 통사의 말이 다 같았다.** 옷과 속옷은 베나 비단인데 소매는 넓고 길지는 않다.

上衣則皆過膝, 下裳則皆垂堂.
윗옷은 대개 무릎 아래까지 내려왔고 하의는 다 마루에까지 늘어졌다.

卑見尊亦以蹲踞爲禮, 賤有事則以首戴爲常.
낮은 사람이 높은 사람을 볼 때에는 쭈그리고 앉는 것을 예로 삼고, 천한 사람이 일이 있으면 머리로 이는 것이 상례이다.

有頂盂水而手不扶匡者, 有戴斛[212]米而步亦趨蹌[213]者.
머리에 물그릇을 이고도 손으로 붙잡지 않는 사람이 있고, 닷 말 쌀을 이고서 걸어도 추창하는 사람도 있다.

此則自[214]所見而略陳, 其未見則莫得而詳也.
이것은 몸소 본 것을 간단히 말한 것이고, 그 보지 못한 것은 자세히 알 수 없는 것이다.

---

212) 휘. 곡. 곡식 따위의 분량을 되는 그릇. 容量의 단위. 본래 열 말이 한 곡이었는데 후에 닷 말로 고침.
213) 禮度를 갖추어 허리를 굽히고 종종걸음으로 빨리 걸어가다.
214) 북경대학본에는 "是", 『國朝典故』 소재본을 따른다.

22

若夫所謂川浴同男215), 郵役皆孀, 始則甚駭於傳聞, 今則乃知已更張.

저 이른바 개울에서 남자와 함께 목욕하고 역에서 일하는 사람은 다 과부라는 소리는, 처음 전해 들었을 때에는 매우 놀랐지만, 지금은 이미 고쳤다는 것을 알았다.

豈亦以聖化之所沾濡, 有如漢廣216)之不可方也歟? 予未使其國時, 皆傳其俗以孀婦供事館驛, 予甚惡其瀆. 比至, 則見凡來供事者皆州縣官吏, 婦人則執爨于驛外之別室. 相傳此俗自景泰217)中其國王琈218)襲封以後變之. 遼東韓副總兵斌所談也. 川浴事出舊志, 今亦變.

어찌 성인의 교화에 젖게 되어 한수가 넓어 뗏목으로 건널 수 없다는 것과 같지 않겠는가? 내가 그 나라에 사신으로 가기 전에 모두 전하기를, '그 풍속에 과부들이 관과 역에서 일을 한다.'라고 하기에 나는 그 더러움을 심히 미워하였다. 도착하여 보니 무릇 와서 일을 하는 사람은 다 주와 현의 관리들이고 부인은 역 밖의 별실에서 밥 짓는 일을 맡았다. 서로 전하기를, '이 풍속은 경태 연간에 그 국왕 유가 계승한 이후에 변하였다.'고 한다. 요동 부총병 한빈의 말이다. 개울에서

---

215) 徐兢(1091~1153), 『宣和奉使高麗圖經』 「雜俗」 2, 澣濯에 "夏月日再浴, 多在溪流中. 男女無別, 悉委衣冠於岸, 而沿流褻露, 不爲怪."라고 하였다.
216) 『詩經』 「周南」 "漢廣"에서 "漢之廣矣, 不可泳思, 江之永矣, 不可方思.(한수는 넓어서 헤엄처 갈 수 없고 강수는 길어서 뗏목 타고 갈 수 없네.)"라고 하였다. 「모시서」에서 이 시는 "덕이 널리 미침을 노래한 것이다. 文王의 도가 남쪽 나라에까지 펼쳐져 강수와 한수 유역까지도 아름다운 교화가 행하여졌다. 그리하여 예를 범하여서 여자를 구하여 봤자 되지 않음을 노래한 것이다."라고 하였다(김학주 역).
217) 明 代宗의 연호. 1450(세종 32)~56(세조 2).
218) 조선 7대 왕 세조의 이름. 재위 1455~68.

목욕한다는 사실이 옛날 기록에 나오지만 지금은 변하였다.

23

禽多雉鳩雀鷃, 獸多麋鹿麞麂. 麂如麞, 一角, 肉甚美. 山不産麅.
날짐승으로는 꿩, 비둘기, 참새, 메추라기가 많고, 길짐승으로는 순록, 사슴, 노루, 고라니가 많다. 고라니는 노루 비슷한데 뿔이 하나이고, 고기가 아주 맛있다. 산에서는 노루가 나지 않는다.

錯219)則昆布, 海衣, 蠣房, 車螯220), 昆布221)如椶222)葉, 綠色. 海衣如紫菜而大. 魚則錦文, 鮨223)項, 重唇, 八稍. 錦文似鱖而身圓. 鮨項如鱵但見乾者, 王遣224)人送牢禮225)及途間設燕皆有之. 重唇如華之赤眼鱒226), 唇如馬鼻, 肉甚美. 其子如石首魚子, 細而且多 八稍卽江浙227)之望潮, 味頗不佳, 大者長四五尺.
해산물로는 다시마, 김, 굴, 대합조개이고, 곤포는 종려나무 잎 같은데 녹색이다. 김은 돌김 비슷한데 크다. 생선으로는 쏘가리, 열목이, 누치, 문어이다. 금문은 쏘가리와 같은데 몸이 둥글다. 열목이는 피라미 비슷한데 말린 것만 보았는데, 왕이 사람을 시켜 대접하는

---

219) 海錯 – 해산물. 『物名考』에 "海物雜錯, 凡指水族之多."라고 하였다.
220) 북경대학본에는 "𧊤"로 되어 있다.
221) 다시마.
222) 북경대학본에는 "柼"로 되어 있다.
223) 북경대학본에는 "飴"로 되어 있다.
224) 『國朝典故』 소재본에는 "遺"로 되어 있다.
225) 희생을 잡아 빈객을 향응하는 예.
226) 북경대학본에는 "鱓"으로 되어 있다.
227) 북경대학본에는 "渐"로 되어 있다.

음식을 보내 중도에서 베풀어준 잔치마다 다 열목이가 있었다. 누치는 중화의 '붉은 눈 송어' 비슷한데 입술이 말코 같고 살이 아주 맛있다. 그 알은 조기 알 비슷한데 잘고도 많다. 문어는 곧 절강의 낙지인데 맛은 그다지 좋지 못하고 길이는 네댓 자나 된다.

鯉鮒隨川澤皆可以樵, 淸川, 大定228), 臨津, 漢江諸水皆有之, 鮒有長尺餘者. 鸛雀在庭院多見有巢.
잉어와 붕어는 내와 연못 어디서나 다 잡을 수 있고, 청천, 대정, 임진, 한강의 모든 물에 다 있고, 붕어는 길이가 한 자 남짓한 것도 있다. 황새의 둥지는 정원에서도 많이 보인다.

似蛤決229)明, 味獨甘於海錯, 石決明230)卽入藥者, 其肉外附殼, 內附石, 一名「鰒魚」. 殼沿邊有孔, 生海中. 如拳紫蕨, 美獨勝於山肴. 蕨有靑紫二色, 與華之所出者同. 土人不善採, 凡採時必以錐掘地去土就根割之. 予授許吏曹以採法, 喜甚.
백합 비슷한 전복은 맛이 해산물에서 가장 좋고, 석결명은 약에 들어가는 것이다. 그 살이 밖으로는 껍질에 붙고 속은 돌에 붙었는데 일명 '복어'라고도 한다. 껍질은 가장자리를 따라 구멍이 있는데 바닷속에서 산다. 주먹 같은 고사리는 맛이 산나물 중에서 제일 낫다. 고사리에는 푸른빛과 자줏빛 두 가지가 있는데, 중국에서 나는 것과 같다. 본바닥 사람들은 잘 캐지 못한다. 대개 캘 때에 반드시 송곳으로 땅을 파서 흙을 제거하고 나서 뿌리를 잘라야 한다. 내가 허 이조에게 캐는 법을 가르쳐 주었더니 매우 기뻐하였다.

---

228) 대령강(大寧江). 博川江.
229) 『國朝典故』 소재본에는 "欮"로 되어 있다.
230) 전복의 껍질을 한약재[안약]로 이르는 말.

至若異産川陸, 分馥蘭皐, 則有筆管酸漿, 筆管食苗, 味滑而甘. 未識其葉, 或云卽黃精苗. 酸漿葉尖, 莖或靑或紅, 味甘酸. 紫芹白蒿. 王都及開城人家, 小池[231]皆植芹.

하천이나 육지에서 나는 특이한 산물로 말하면, 향기 날리는 난초 자라는 언덕에 삼백초, 꽈리가 있고 삼백초는 싹을 먹는데 맛이 반드럽고 달다. 그 잎은 알 수 없는데 혹자는 죽대 싹이라 한다. 꽈리의 잎은 뾰족하고 줄기는 푸르거나 붉으며 맛은 달고 시다. 돌미나리, 물쑥이 있다. 왕도와 개성에서는 인가의 작은 못에 미나리를 심는다.

水蓼之芽, 當歸[232]之苗,
물여뀌의 순과 승검초의 싹,

松膚之餌, 山參之糕, 松樹去粗皮, 取其中之白而嫩者和秔米搗之爲糕. 山參[233]非入藥者, 其長如指, 狀如蘿蔔. 亦取而和秔米搗之煎爲餠餌. 又三月三日取嫩艾葉雜秔米粉蒸[爲234]糕, 謂之艾糕. 其秔米色白而味香. 皆可爲菹, 皆以薦酳.

송기떡 산삼 절편은 소나무의 겉껍질을 벗겨내고, 그 속껍질의 희고 부드러운 것을 가져다 멥쌀에 섞어 찧어 떡을 만든다. 산삼은 약으로 쓰는 것이 아니고, 그 길이는 손가락만 한데 모양은 무와 같다. 멥쌀에 섞어 찧은 것을 부쳐서 떡을 만든다. 또 3월 3일에 그 다북쑥의 연한 잎을 뜯어다가 멥쌀가루를 섞어 쪄서 떡을 만드는데 쑥버무리라 한다. 그 멥쌀은 빛이 희고 맛은 향기롭다. 다 상에 올릴 만하여 다 술안주로 낸다.

---

231) 북경대학본에는 "也"로 되어 있다.
232) 한방에서, '승검초의 뿌리'를 약재로 이르는 말.
233) 아마 더덕[沙蔘]을 말한 것 같다.
234) 북경대학본에는 "爲"가 없다.

果則梨栗棗柿榛松杏桃, 柑橘梅李石榴葡萄. **梨棗榛最多, 在在有之.
柑橘則全羅道所出.**

과실로는 배, 밤, 대추, 감, 개암, 송화, 살구, 복숭아와 홍귤, 귤,
매실, 자두, 석류, 포도이다. **배, 대추, 개암이 가장 많아서 어디에나
있고, 홍귤과 귤은 전라도에서 난다.**

皮則虎豹麕鹿, 狐貉貓貂, 土人名貂235)爲「獤」, 貓皮則不識. 取以
爲文茵重裘, 矢服236)弓櫜237).

가죽으로는 범, 표범, 고라니, 사슴과 여우, 담비, 살쾡이, 초피
이니, **본바닥 사람들은 초피를 돈피라 하고, 살쾡이의 가죽은 알지 못
한다.** 가져다 무늬 자리, 겹 갖옷, 전통, 활집들을 만든다.

花則薔薇躑躅芍藥牡丹, 酴醿丁香雀眉238)山櫻.

꽃으로는 장미, 철쭉, 작약, 모란과 찔레나무, 정향나무, 산앵두
나무, 돈나무가 있다.

二月方中, 櫻桃盡放, 季春未晦, 郁李皆殘. 予三月十八日自其國啓
行時, 棠梨花落殆盡. 又行數日, 過鴨綠江始見有初開者. 蓋其國漸近東
南, 地暖故也.

2월이 한창이라 앵두꽃은 활짝 피었고, 늦봄이 다 가지 않았는
데 산앵두꽃은 다 시들었다. 내가 3월 18일에 그 나라에서 길을 떠
날 때에 팥배꽃이 거의 다 졌다. 또 며칠을 가 압록강을 지나서야 비
로소 처음 피는 것을 보았다. 대개 그 나라가 동남쪽에 가까운 지역
일수록 따뜻하기 때문이다.

---

235) 노랑 담비의 모피.
236) 화살을 넣는 통. 箭筒. 矢箙.
237) 활을 넣어 두는 자루. 弓袋. 弓衣.
238) 중국어에서는 '雀梅[당체. 산이스랏. 산앵두나무]'와 음이 같다.

草多薈蔚蒙茸, 樹多輪困屈蟠. **以山多沙石故也.**

풀은 많아 무성하게 덮였으며, 나무는 빽빽하여 꼬불꼬불하고 마디졌다. **산에 모래와 돌이 많기 때문이다.**

亦有老松, 其堅如柏, 人取爲明, 脂亦不滴. **其松材理最堅, 黃色如柏, 少脂, 在在有之.**

노송은 단단하기가 측백나무 같은데, 사람들이 가져다 관솔불로 쓰려 하나 송진이 방울지지 않는다. 그 소나무의 바탕 결이 가장 단단한 황색 소나무는 측백나무 같은데 기름이 적고 어디를 가나 있다.

花香者一經春皆採, 子結者必隔年乃食. **松有二種, 其結子者皮不甚駁皺, 枝葉上聳, 其子之結, 必隔年乃可取. 至京畿道始有之.**

향기 나는 꽃은 일단 봄이 지나면 모두 따고, 맺은 열매는 이듬해라야 먹을 수 있다. 소나무에는 두 종류가 있는데, 그 맺은 열매는 껍질이 그다지 주름지지 않고 가지와 잎은 위로 솟았으며, 그 열매는 맺은 지 격년이 되어야만 딸 수 있다. 경기도에서부터 있기 시작한다.

小者盡以駕溪澗239)之橋, 大者乃以柱廟堂之石. **凡一路有水處皆旋取松架橋, 削其枝爲闌干, 取其葉左右障土. 近寶山舘, 一溪名曰猪灘, 闊二十餘丈, 以亦足架之. 其爲梁棟亦罕得直者, 若樓柱亦上下二段合240)爲之.**

작은 것은 다 계간의 다리를 놓고, 큰 것은 묘당 주춧돌의 기둥이 된다. 무릇 도중에 물이 있는 곳은 다 소나무를 가져다 다리를 놓고, 그 가지를 깎아 난간을 만들며 그 잎을 가지고서는 좌우로 흙을 막는다. 보산관 부근 이름이 저탄이라는 시내는 너비가 스무 길 남짓

---

239) 산골짜기에 흐르는 시냇물.
240) 북경대학본에는 "合"으로 되어 있다.

이나 되는데도 소나무로 다리를 놓았다. 들보나 마룻대를 만들 때에
는 곧은 것을 얻기가 어려워 다락집 기둥으로 쓰려면 위아래 두 단으
로 합쳐 쓴다.

此則其種類不同而爲用亦各有適也.
이는 그 종류가 같지 않기에 쓰임에도 각기 알맞은 데가 있는
것이다.

24

五金[241]莫究所產, 最多者銅, 地產銅最堅而赤. 食[242]器匙箸皆以此
爲之, 卽華所謂「高麗銅」也. 五色[243]各隨所用, 所禁者紅. 以王服御
皆紅, 故禁之.

다섯 가지 금속은 생산된 바를 알아보지는 못했으나 가장 많은
것은 구리이다. 땅에서 캐는 구리가 가장 단단하고 빛이 붉다. 식기
와 수저는 다 이것으로 만드니, 곧 중국에서 말하는 고려동이다. 다섯
가지 빛깔은 각각 쓰이는 바를 따르는데 금하는 것은 붉은 빛이
다. 왕이 입는 옷이 다 붉기 때문에 그것을 금한다.

五味[244]則醯醬爲多, 五聲[245]則音韻莫通. 其國音有二樣, 讀書則平

---

241) 『漢書』「食貨志」注에 "金者, 五色. 黃金, 白銀, 赤銅, 靑鉛, 黑鐵."이라고 하
였다.
242) 북경대학본에는 "食"이 없다.
243) 靑, 赤, 黃, 白, 黑.
244) 신맛, 쓴맛, 매운맛, 짠맛, 단맛. 『禮記』「禮運」注에 "五味, 酸苦辛鹹甘也."
라고 하였다.
245) 宮, 商, 角, 徵, 羽 다섯 가지 소리. 『爾雅』「釋樂」에 "宮謂之重, 商謂之敏,

聲似去, 如以「星」爲「聖」, 以「烟」爲「燕」之類[246]. 常語則多類女直, 甚至以一字作三四字呼者, 如以「八」爲「也得理不[247]」之類是也. 以一字作二字呼者尤多, 如以「父」爲「阿必」, 「母」爲「額嚒」之類[248].

다섯 가지 맛인즉 초와 장을 많이 쓰고, 다섯 가지 소리는 음운이 통하지를 않는다. 그 나라의 음에는 두 가지만 있어 글을 읽으면 평성이 거성과 같아지니 이를테면 '星'이 '聖'이 되고, '煙'이 '燕'이 되는 것들이다. 일상어는 여진과 비슷한 것이 많아 심지어 한 글자를 서너 자로 만들어 부르는 것도 있으니 예컨대 '八'을 '여덟'라 하는 유가 이것이다. 한 글자를 두 자로 만들어 부르는 것은 더욱 많으니 '父'를 '아비', '母'를 '어미'라 하는 유이다.

爲志所稱者狼[249]尾之筆, 一統志[250]載:「有狼尾之筆, 其管小如箭簳, 鬚長寸餘, 鋒穎而圓.」詢之, 乃黃鼠毫所製, 非狼尾也. 爲武所尙者樺皮之弓. 弓比華制稍短, 然甚發箭.

『지』에서 말한 것은 족제비 꼬리로 만든 붓이요, 『일통지』에 "이리 꼬리로 만든 붓이 있는데 그 대롱은 작기가 화살대 같고, 수염 길이는 한 치 남짓하며 끝은 뾰쪽하고 둥글다."라고 하였다. 물어보았더니 족제비의 털로 만든 것이요 이리 꼬리가 아니라고 하였다. 무

角謂之䚡, 徵謂之迭, 羽謂之柳."라고 하였다.
246) 현대 중국어에서 '星[xīng], 聖[shèng], 煙[yān], 燕[yàn]'으로 발음한다. 동월 당시에는 '星'과 '聖'의 음이 같았던 것 같다.
247) '也得理不'의 현대 중국어 음은 [yědélǐbù]로 우리말 '여덟[여덜]'에 가깝다. 동월의 음운 관찰이 정확하다면 당시 국어에서는 현대 국어에서 말음 'ㄹ'을 대표음인 'ㄹ'만으로 발음하는 것과는 달리 'ㄼ'모두를 발음하였음을 알 수 있다.
248) 현대 중국어에서 '阿必'의 음은 [abì], '額嚒'의 음은 [émí]이다.
249) 黃鼠狼을 말한 것이다.
250) 『大明一統志』. 『大元一統志』를 본떠서 명나라 때에 국가사업으로 임금의 명으로 편찬한 지리책. 중국 전역과 조공국의 지리에 대하여 기록하였다. 총 90권 60책의 활자본. 1461년에 李賢 등에 의해 간행되었는데, 실제로는 1456년에 만들어진 『寰宇通志』가 바탕이 되었다.

인이 숭상하는 것은 자작나무 껍질로 만든 활이다. 활은 중화의 제도에 비하면 조금 짧다. 그러나 화살은 매우 잘 나간다.

 布織以麻, 而以苧名者, 蓋出傳聞之誤, 紙造以楮, 而以繭認者, 以其搗練之工. 舊皆傳其國所出之紙爲繭造, 至乃知以楮爲之, 但製造工耳. 予嘗以火試之而知其然.
 베는 삼으로 짜는데 모시로 이름 지은 것은 아마 잘못 전해들은 데서 나왔고, 종이는 닥나무로 만드는데 누에고치로 아는 것은 솜씨 있게 다듬어 마름질하였기 때문이다. 예부터 다 이 나라에서 나는 종이는 누에고치로 만든다고 전해오지만 지금에 와서야 닥나무로 만들고 다만 제조 솜씨가 뛰어나다는 것을 알았다. 나는 일찍이 불로 시험해 보고 그런 줄을 알았다.

 布之精以細密如縠, 紙所貴在捲束如筒.
 베는 촘촘하여 세밀하기 고운 명주와 같고, 귀한 종이는 통처럼 말아 묶어 놓는다.

 傅油則可禦雨, 其厚紙有以四幅爲一張者, 有以八幅爲一張者, 通謂之「油單」251). 其自視亦不輕. 連幅則可障風. 隨處皆以白布爲障幕, 陸行則以馬馱之以隨.
 기름을 먹이면 비를 막을 수 있고, 그 두꺼운 종이는 네 폭을 한 장으로 만든 것도 있고 여덟 폭을 한 장으로 만든 것도 있는데, 통상 '유단'이라 한다. 자기네들도 가볍게 여기지 않는다. 폭을 잇대면 바람을 막을 수 있다. 가는 곳마다 다 흰 베로 장막을 만들었는데, 육로로 갈 때에는 말 짐바리에 싣고 따른다.

---

251) 기름에 결은, 두껍고 질긴 큰 종이. 북경대학본에는 "單"이 "帝"로 되어 있다.

乃若所謂男子巾幘如唐, 今則非昔.

그리고 이른바 남자의 두건은 당의 것과 같은데, 지금인즉 옛것이 아니다.

果下之馬252), 亦無三尺. 文獻通考253)謂其國人戴折風之巾幘254)如唐, 今男子皆戴大帽, 惟王都爲王擧輿者戴六角皂絹255)軟巾. 六角皆綴白綿毬, 穿紫絹員領, 足躡尖頭皮履, 儼如所畵騎唐馬之奚官256). 意當時所服必皆如此, 故云如唐. 又一統志謂:「百濟國出『果下馬』, 其高三尺, 果下可乘.」今百濟之國正在楊花渡之南岸, 去王京止不過二三十里. 詢之, 云久已無産矣. 但其國中通路所見馱物之馬, 雖不止三尺, 然比中國之馬差小. 意者其種類也. 姑記以俟.

'과하마'도 키가 석 자 되는 것이 없다. 『문헌통고』에 이르기를 "그 나라 사람들은 절풍건을 쓰는데 당의 것과 같다."라고 하였다. 지금 남자들은 대개 큰 모자를 쓰고 왕도에서 왕의 가마를 메는 자들만이 검은 명주로 만든 부드러운 육각 건을 쓴다. 육각에는 다 흰 솜 공을 붙였고 깃이 둥근 자색 명주옷을 입었으며, 발에는 코가 뾰족한 가죽신을 신어 근엄하기 마치 그림 속의 당 말을 탄 해관 같다. 생각건대 당시의 옷이 다 이와 같았기 때문에 당의 것과 같다고 말한 것이다. 또 『일통지』에 "백제에서 과하마가 나는데 그 키는 석 자로 과실

---

252) 아주 작은 말. 『增補文獻備考』 中, 452頁에 "明統志曰, 百濟國出果下馬, 其高三尺, 果下可乘, 董越朝鮮賦註云, 詢之, 久而無産矣. 但其國中道路所見, 馱物之馬, 雖不止三尺, 比中國之馬, 差小, 意者, 其種類也."라고 하였다.
253) 책 이름. 1319년에 元 馬端臨이 348권으로 찬하였다. 당 杜佑의 『通典』을 다시 증보하여 중국 고대로부터 남송 寧宗 때까지의 제도와 문물사를 24門에 분류하여 기술하였다. 明淸 시대의 『續文獻通考』, 『皇文獻通考』와 합하여 三通考라 한다.
254) 삼국 시대에, 머리에 쓰던 고깔 모양의 건. 새의 깃털을 꽂거나 붉은 비단으로 만들어 금은 장식을 하였다.
255) 북경대학본에는 "帽"로 되어 있다.
256) 말 기르는 일을 관장하던 하급 관리.

나무 밑에서도 탈 수 있다."라고 하였다. 백제 나라는 바로 지금의 양화 나루 남쪽 강안에 있었으니, 왕경에서 이삼십 리밖에 안 된다. 물어보았더니 나지 않은 지 오래 되었다고 하였다. 다만 그 나라 도로에서 본 짐 실은 말이 비록 석 자에 그치지는 않지만 중국의 말에 비하면 조금 작다. 아마 그 종류일 것이다. 우선 기록하고 다음날을 기다린다.

惟有五葉之葰, 滿257)花之席. 五葉葰, 卽本草258)所謂 「新羅人葰」也. 滿花席259)之草, 色黃而柔, 雖摺不斷, 比蘇州者更佳.

생각건대 다섯 잎 인삼과 만화석은 내놓을 만하다. **다섯 잎 인삼이란 곧 『본초』에서 말한 신라 인삼이다. 만화석의 풀은 황금빛에 부드러워 접어도 꺾어지지 않아 소주의 것에 비해 훨씬 좋다.**

歲貢闕庭, 時供上國. 百二十年來260), 其蒙晉接之騈蕃, 雖曰本乎聖明之所錫, 而亦由其琛贄之絡繹也.

해마다 궁궐에 공물로 바치고, 때로 상국에 바친다. 백이십년 동안 그 사신 왕래가 서로 많았던 것이 비록 성명의 베풀어주심에서 나왔다고 말하지만, 그 공물의 왕래가 끊이지 않았기 때문이기도 하다.

---

257) 북경대학본에는 "蒲"로 되어 있다.
258) 식물 및 약재에 관한 학문.
259) 갖가지 꽃무늬를 줄을 지어 가득히 놓아 짠 돗자리. 북경대학본에는 "滿"이 "蒲"로 되어 있다.
260) 朱元璋이 명을 개국한 것이 戊申(1368)년이고 동월이 사신으로 온 해가 또 戊申(1488)년이므로 정확히 120년이다.

제4장 맺음말

25

嗟夫, 六義[261]有賦, 惟取直陳.
아, 육의에 부가 있으니 직접 서술하는 법을 썼다.

浹月經行, 詎得其眞.
달포 순행하고 어찌 그 진면목을 알겠는가?

矧予以襪線之菲才[262], 不異乎滄海之纖鱗.
하물며 내 보잘것없는 박한 재주가 창해의 조그만 고기와 다르지 않음이야.

乃能運筆端之造化, 寫六合[263]之同春.
이에 붓끝의 조화를 부려 육합이 함께하는 봄을 그려본다.

惟不敢[264]厚誣於見聞, 或庶幾不愧於諮詢[265].
감히 보고 들은 것을 많이 꾸며 왜곡하지 않았으니 바라건대 자문에 부끄럽지 않기를.

---

261) 『시경』의 六體의 분류. 風, 雅, 頌, 賦, 比, 興.
262) 버선의 끈을 풀어도 그 끈이 길지 아니하므로, 이렇다 할 특징이 없는 재주나 천박한 재능을 이름. 북경대학본에는 "線"이 없다.
263) 천지와 사방, 곧 온 우주.
264) 북경대학본에는 "欲"으로 되어 있다.
265) 『시경』에 사신의 행차를 읊은 「皇華」편에 "周爰咨詢"이라는 구절이 있다.

| 조선부 후서 |

朝鮮賦後序

聖天子紀元之二年[266], 歲在己酉, 適天下賓興[267]之期, 余膺南京應天府[268]聘, 較藝場屋, 于時右春坊右庶子兼翰林院侍講, 圭峯董先生, 春坊贊善東白張先生, 寔奉命摠其事.

성 천자 기원 2년, 기유에 천하의 선비를 채용하는 때를 만나, 나는 남경 응천부의 부름에 나가 과거시험장에서 재주를 견주었는데, 그때 우춘방 우서자 겸한림원 시강 규봉 동 선생과 춘방찬선 동백 장 선생이 황명을 받들어 그 일을 통솔하였다.

公餘嘗請益左右, 而圭峯先生, 一旦出示比帙曰去年春奉使朝鮮之餘功也. 余受之莊誦累日, 竊惟朝鮮, 乃古箕子之後. 今茲帙之載衣冠文物之制, 親疏貴賤之體, 燁然有諸夏之風, 而尊崇王室之典, 視古不變, 千載遺風, 一擧目而可想也.

공무의 여가에는 늘 좌우에 더 청하여 들었는데, 규봉 선생이

---

266) 명 효종 2년, 1489년. 성종 20년.
267) 周代에 선비를 채용하는 법. 鄕飮酒의 예로써 빈객을 삼아 추천하는 일.
268) 『주역』「革卦」의 "順乎天而應乎人"에서 취한 말로, 대개 왕조를 일으킨 창업 군주가 처음으로 기의한 곳을 가리킨다. 명은 지금의 남경시에 응천부를 설치했다. 명이 수도를 북경으로 옮기고 나서, 1441년에 응천부를 남경으로 고쳐 불렀다.

어느 날 아침 편집 중인 책을 내어 보이며 말하기를, "지난해 봄에 조선에 사신으로 가 남은 결과이다."라고 하였다. 내가 그것을 받아 소리 내어 읽은 지 여러 날, 마음속으로 조선은 옛 기자의 후예라고 생각하였다. 지금 이 책에 실려 있는 의관, 문물의 제도와 친소, 귀천의 구분에는 확연히 중화의 모습이 있고, 왕실을 존숭하는 규범은 옛것과 비교하면 크게 변하였지만 천 년의 유풍을 한눈에 알아볼 수 있다.

且三代269)無詞章, 而賦學萌於屈宋270), 成於賈馬271), 而賈多悲憤之詞, 馬之長楊羽獵諸作272), 亦多矜誇張大之態, 如此帙之溫厚典作, 可以駕風273)而幾爾雅274)則無之, 盖子眞子之言, 與涉無公之論不同,

---

269) 夏, 殷, 周의 세 왕조.
270) 屈原(기원전 343~277 추정): 전국 시대 초나라의 大夫, 시인. 楚辭라고 하는 운문 형식을 처음으로 시작하였다. 懷王의 신임이 두터웠으나 참소를 당하여 소원하여지매 「離騷」를 지어 호소하였다. 용납되지 못하여 산택 간을 떠돌다 먹라수에 빠져 죽었다. 혼란한 시대에 정치적으로 불우했던 자신의 신세를 주옥같은 언어로 표현한 서정성 높은 작품들을 남겼다. 「天問」, 「九章」 따위가 있다.
  宋玉(기원전 290~222 추정): 초나라의 詞賦家. 굴원을 이어 「九辯」, 「招魂」, 「高唐賦」따위를 남겼다.
271) 賈誼(기원전 200~168): 최연소 박사가 된 전한 문제 때의 문인, 정치가. 진나라 때부터 내려온 율령, 관제, 예악 등의 제도를 개정하고 전한의 관제를 정비하기 위한 많은 의견을 상주했다. 고관들의 시기로 좌천되자 자신의 불우한 운명을 굴원에 비유해 「鵩鳥賦」와 「弔屈原賦」따위를 지었다.
  司馬相如(기원전 179 추정~117): 전한의 문인. 그의 사부는 한, 위, 육조 문인의 모범이 되었다. 작품에 「子虛賦」, 「上林賦」따위가 있다.
272) 「長楊賦」와 「羽獵賦」는 揚雄(기원전 53~기원 18)의 작품이므로 "揚之長楊羽獵諸作"이라고 해야 옳을 것이다. 사마상여의 작품이라고 쓴 데는 두 가지를 생각해 볼 수 있다. 첫째 양웅이 사부를 잘하여 사마상여를 많이 닮았을 뿐만 아니라 『文選』에 사마상여의 「上林賦」 바로 다음에 양웅의 「羽獵賦」, 「長楊賦」가 실려 있기 때문에 헷갈렸을 수 있고, 둘째 양웅이 찬탈자 王莽의 僞朝에 벼슬하여 대부가 되었기 때문에 후세에 지조 없는 사람으로 알려져 부러 그의 이름을 피했을 수 있다.

信今而傳後, 其文當如是也.

삼대에는 사장이 없었고 부의 양식이 굴원과 송옥에게서 싹터 가의와 사마상여에게서 완성되었는데, 가의는 비분의 말이 많고 사마상여의 「장양부」 「우렵부」 같은 작품들도 자랑하며 뽐내고 과장한 모양이 많아 이 책의 온후한 본보기 작품과 같은 국풍에 보탤 만하고 『이아』에 가까운 것은 없으니, 자진자의 말과 섭무공의 견해가 같지 않지만 오늘에 신임 받고 후세에 전해지려면 그 글이 이와 같아야 한다.

請歸壽梓以傳, 海內之士, 亦以知我國家混一區宇, 百餘年來, 華吏一道, 而文明之化, 無遠弗届, 先生之盡心王室, 敷張輿之盛, 因是而不朽云.

바라건대 이 책이 판각돼 전해져 천하의 선비들이 우리 국가가 천하를 통일하고 백여 년 동안 중화와 이적을 하나의 도로 하였기에 문명의 교화가 멀리 미치지 않은 곳이 없었음을 알았으면 좋겠고, 선생이 왕실을 위해 다한 정성과 지도를 펼치듯이 상세하게 서술한 성대함 때문에 이 책은 썩지 아니할 것이다.

弘治三年十二月旣望吉安府泰和縣儒學訓導桂林王政拜書

---

273) 국풍. 『시경』 중에서 민요 부분을 통틀어 이르는 말. 주자는 교화를 받은 백성의 모습을 읊은 정풍을 중시하였다. 변풍을 합해 모두 135편이다.
274) 13경의 하나. 물명을 풀이한 가장 오래된 字書. 『시경』과 『서경』에서 글자를 뽑아 고어를 용법과 종목별로 19편으로 나누고, 글자의 뜻을 전국 시대와 진한대의 말로 풀이하였다.

홍치 3년 12월 16일, 길안부 태화현 유학훈도 계림 왕정이 삼가 쓰다.

| 조선부 중간 발 |

跋重刊朝鮮賦
　文鬖髮時於鄕先達處, 得圭峯文僖公使朝鮮國所爲賦一帙, 授而讀之, 頗成誦, 每仰公宏文偉製. 一目卽知其國君臣之秉禮, 聲敎風俗之善, 山川景物之秀麗, 寶之如珙璧, 歷任途, 原本已失, 聰明不及前時, 向所記者十忘七八, 欲思續之而不可得.

　내가 어려서 고향 선배들 곁에 있었을 때에 규봉 문희공이 조선국에 사신으로 가 지은 부 한 질을 얻어 가르침을 받아 읽어 거의 외우게 됨에 매양 공의 웅대한 문장과 뛰어난 제술을 우러렀다. 그 나라 군신이 예를 지키고 풍속을 잘 교화하고 산천 경물이 수려하다는 것을 한눈에 곧 알 수 있어 환옥 같은 보배로 여겼더니 역임 길에 원본은 잃어버렸고 총명함도 전과 같지 않아 이전에 기억하고 있던 것 열에 일여덟은 잊어버려 생각을 잇고자 하여도 되지 않는다.

　玆冬以公事至寧都275), 中書君, 韓公之長孫也, 重刻是編又得展觀, 數十年之願, 一旦而遂, 是亦幸也. 嗚呼宣道治意皇猷, 公之文章行業, 人所莫及, 韓梓以廣傳於天下, 可謂能繩其祖武者矣. 於是予書.

---

275) 江西省 寧都縣. 董越의 고향.

이 겨울 공무로 영도에 들렀는데, 마침 중서군 한공의 장손이 이 책을 중간하여 다시 펼쳐 보게 되어 수십 년의 바람이 하루아침에 이루어졌으니 이 또한 행운이다. 아, 다스리는 뜻과 황제의 계책을 선전 지도한 공의 문장과 품행은 다른 사람이 미치지 못한 바이니, 한 군이 간행하여 천하에 널리 전하는 것은 그 할아버지의 유업을 잘 계승하였다고 말할 수 있다. 이에 쓴다.

正德辛巳冬十二月望日後學三山周尙文書

정덕 신사(1521년) 겨울 섣달 보름 후학 삼산 주상문이 적는다.

康熙壬寅長夏靜觀居士偶錄於圓湛庵中

강희 임인(1662년) 6월, 정관거사가 원담암에서 우연히 기록한다.

부록

주기초본(朱琦抄本) 조선부
사고전서(四庫全書) 조선부

朝鮮賦

皆緞白綿秫穿紫絹員領尺驪尖頭皮履儼如所畫騎唐馬之奚官意當時所服必皆如此故云如唐人一統志謂百濟國出果下馬其高三尺累下可乘今百濟之境正在楊花渡之南岍去王京不過二三十里詢之云久已無産矣但其國中道路所見馱物之馬雖不止三尺然此中國之馬差小意者其種類也姑記以俟

惟有五葉之蓧滿花之席 蓧也滿花席之草色黃而柔雖麤不斷此 五葉蓧即本草所謂新羅人蔾州者更佳 歲貢關庭時供上國百二十年來其蒙晉

繹也

接之騈蕃雖曰本乎聖明之所錫而亦由其琛贄之絡

管小如箭簳髹長寸餘鋒穎而圓為武所尚者樺皮之韜之乃黃鼠毫所製非狼尾也

弓短然其發箭 布織以麻而以苧名者蓋出傳聞之誤

紙造以楮而以繭認者以其搗練之工 舊皆傳其國所出之紙為繭造

至乃知以楮為之但製造工耳予嘗以火試之而知其然 布之精以細密如穀紙所

貴在捲束如筒傳油則可禦雨張者有以八幅為一張

者通謂之油紙其厚紙有以四幅為一隨處皆以白布為障幕

其自視亦不輕 連幅則可障風陸行則以馬馱之以隨

乃若所謂男子巾幘如唐今則非昔果下之馬亦無

尺 文獻通考謂其國人戴析風之巾幘如唐今男子皆戴獻大帽惟王都為王舉興者戴六角皂帽軟巾六角

者畫以駕溪澗之橋大者乃以柱廟堂之石凡一路有
取松架橋削其枝為闌干取其葉左右障土近寶山館水處皆旋
一溪名曰循灘澗二十餘丈亦以是架之其為梁棟亦
罕得直者若樓柱亦以此則其種類不同而為用亦各有
上下二段各為之
適也五金莫究所產最多者銅地產銅最堅而赤食跪
所謂高
麗銅也五色各隨所用所禁者紅以玉服御皆匙筯皆以此為之即華
臨醬為多五聲則音韻莫通聲似去如以星為聖以煙五味則
為燕之類常語則多類女直甚至以一字作三四字呼其國音有二樣讀書則平
者如以八為也得理不之類是也以一字作二字呼者尤
多如以父為阿必
母如以額孃之類
為志所稱者狼尾之筆一統志載有
狼尾之筆其

葡萄梨棗榛最多在在有之皮則虎豹麕鹿狐貉猞貓柑橘則全躍道所出土人名貓為㹨貓皮則不識取以為文茵重裘矢服弓櫜花則薔薇躑躅芍藥牡丹酴醿丁香雀眉山礬二月方中櫻桃盡李三月十八日自其國啟行時棠梨花落殆盡又行數日過鴨綠江始見有初開者蓋其國漸近東南地暖故也

放季春未晦鬱李皆殘

以山多沙石故也

蠟亦有老松其堅如栢人取為明脂亦不滴如栢少脂在在有之花香者一經春皆採子結者必隔年乃食松有二種其結子者皮不甚皴皱枝葉上聳其如栢材理最堅黃色松子之結必隔年乃可取至京鐵道始有之小

獨甘於海錯石決明即入藥者其肉外附殼內附紫蕨美獨勝於山肴石一名鰒魚殼沿邊有孔生海中如拳管酸漿歲有青紫二色與華之所出者同去土就根割之予後上人不善採凡採時必以錐掘地許吏曹以採法甚喜至若異産川陸分馥蘭皋則有筆菖家小也皆植芹筆管菖味滑而甘未識其葉或云即之糕松樹去粗皮取其中之白而嫩者和秔米擣之為黃精菖酸漿葉尖莖或青或紅味甘酸紫芹白米擣之煎為餅餌人三月三日取嫩艾葉雜秔水蔘之芽當歸之苗松膚之餌山蔘米粉蒸為糕謂之艾糕其秔米色白而味香菜皆以薦酳果則梨栗棗柿榛松杏桃柑橘梅李石榴

濡有如漢廣之不可方也歟予來使其國時皆傳其俗

其憒憒此至則見凡來供事者皆州縣官吏婦人則執爨以

於驛外之別室相傳此俗自景泰中其國王珗襲封以

後變之遠東韓副總兵斌所館驛亭甚惡

談也川浴事出舊志今亦變禽多雉鳩雀鶻獸多麋鹿

麋麈其如麈一角肉錯則昆布海衣螺房車螯

色海衣如山芙山不産麈

紫菜而大魚則錦紋鮐項重唇小稍鮐項如鯨但旦乾

者王遣人送牢禮及途間設燕皆有之重唇如華之赤

眼鰱唇如馬鼻肉甚美其子如石首魚子細而且多八

稍即江浙之望潮味頗鯉鯽隨川澤皆可以檿定臨津

不佳大者長四五尺 清川大

漢江諸水皆有之

卿有長尺餘者

鸛雀在庭院多見有巢似蛤決明味

乃有貧賤者脛不掩於素裳有位而尊乃許乘輿出入之
無位雖富止許約馬趫驥 二句出許夷曹所具風俗帖中襪履布韋足
皆縱而不束 賤者牛皮貴者鹿皮襪多用布三四通事說皆同衣襦布帛袖則
澗而不長上衣則皆過膝下裳則皆垂堂甲見尊亦以
蹲踞為禮賤有事則以首戴為常有頂盂水而手不扶
匡者有戴斛米而步亦趨蹌者此則自所見而畧陳其
未見則莫得而詳也若夫所謂川浴同男鄉役皆嬬始
則甚駭於傳聞今則乃知已更張亦以聖化之所沾

龜曝其俗男子尊有命則且蹲且進有若鳧趨
皆任在背尊有命亦　　　　　　　其俗見
蹲為敬有名命亦　　　　　　　　人以蹲
蹲跪趨進而答之　人必三八乃舉一輿行不一舍又易
百夫蓋於重皆不能以肩任宜於此皆以手舉狀也　輿一
前後通用二十四人狀翼者又在外其輿如華之交椅
而足短左右央二長杠亦與華制同就座下設一橫木
長與座下橫木同欲舉時以紅縣布就橫木兩端繞之
人但以布著肩以手舉狀而行又於輿之中間從後至
前直施長縣布二幅分著人之兩肩如馬之
駕轅狀取其不偏出其餘令十數人前拽之　女鬢掩耳
不見佩瑙首戴白圈直壓眉睚夾道所見皆如此富貴
　　　　　　　　　自開城府至王京
者面乃蔽以黑繒　富貴家女婦首戴一匡如大帽簷垂
　　　　　　　　黑繒以蔽其面雖蔽面亦避人王京

甫孩提而髮已垂肩者有歲六七而角總丱然者撥其留固以遺體當重欲其露所以戴弁皆前也民戴草帽領皆垂珠頂或圓方色皆黑笠輿皂則穿四葉青衫項加挿羽庸人則衣數重麻布步曳長裾惡諠嘩則銜枚道路止衝突則曳杖庭除 皂隸四葉之衫惟平安黃海二道者如此京畿則不然曳杖之人皆選其長身者亦戴大帽屨制以皮雖泥行亦穿黃邑土布員領繫縧但不挿羽所不恤襪縛於袴縱水涉亦所不拘衣皆素白而布縷多麗裳則離披而襞積亦疏背有負則且俯且行有如

所不可曉者家不蓄豕蔬不設糞引重則惟見牛馬馬

馱者為多用芻牧絕不見羊轢鮮食則蹄筌山海蔬如

牛者亦少

則采掇江灣二道所見皆如自平安至黃海有至老村氓而不一沾丞

味者有偶沾燕賜而即夢踏菜園者官府乃有羊豕鄉飲時或用之與

夫貧則皆葬山椒貴乃卜宅郊原山巔如岬脫列者皆自平安黃海一路望

墳也貴者乃擇形勢有華表此皆出殊方異俗而不必

石羊之類然亦不見樹碑

深考細論也人露總環以分貴賤其國總髮之網巾皆結以馬尾以環定品

級

一品玉二品金三品以下銀童留胎髮不間後先有

庶人則骨角銅蚌之類而已

端者有棟宇僅如圍盤者此比鳳皇雖不足千仞之擊而視鷦鷯亦可托一枝之安也富則陶瓦皆瓴而廡序之翼東西者棟反聳出於南北塗墍皆土而堂寢之位前後者脊反低下於中間 堂寢皆一間廡序乃反三間 門則皆循東序之棟設梯以升必矩步乃可達於堂寢 其門雖皆南向然不自中開皆就東廡之棟南向以開以基多高故須梯升其面東西者亦然 地則皆畏下濕之沾鋪板以隔若跌坐則皆籍以茅菅 俗皆席地而坐人設一四方蒲團以布帛為一大枕中塞以草為坐者所依憑官府則以滿花坐為蒲團其制亦方以絲色紵絲蒙草枕行則人負以隨

炎燠蓋其外皆分授於官而貧富不得異制其內乃獲曰己而結構惟其所欲也其通衢兩邊皆官廊覆以瓪為貧富至內其室瓦分授居民其外莫辨其執屋乃有不同者　官府之署制亦不殊皆有堂寢皆飾廉隅樓翼欄楯梁冒侏儒館傳壁間畫塗以水墨不工之畫戶牖合處皆寫以混沌初分之圖此則未必盡然予但據所見而直書也貧壁編篠索綯以完其上則覆以茅炎其空則塞以泥丸其壁取荊榛之類直豎而不編以草繩約之繩約處如網罟之目每一目以一泥丸塞之王都小有荊棘反出簷卷如此若塗墁所見者則全用泥塗

寄齋生員進士居者曰上齋升學居者曰下齋生員即謂之寄齋三歲以明經取者進士即以詩賦取者升學即民間俊秀也又謂之寄齋　西京所不能儗開城所不能偕則在乎祭不像設以瀆亂徒有進造為朋儕也畿內之景漢江為勝樓高礅雲水碧浮鏡渡有楊花物亦繁盛莘八道之運餉為一國之襟領最高亭俯瞰長千百濟國接聯舊境予嘗為之放舟倚馬為一日之遊彼亦自慶其樂事賞心出百年之幸也達卷通衢正直無曲截然詹阿歸然華屋百家則出高牆以隅風火每室皆穿北牖以避

聞得古人云仁者贈人以言不仁者乃贈人以金我既不能為言徒以微物褻瀆心中甚惶恐我又曾記得丘子有云古之人脩其天爵而人爵從之二位大人真脩天爵者此回必蒙殊恩此便是我贈言于二人亦以尙王受我以德答之予飲未酣乃領譯者請盡此一杯明日蓋有天淵之隔矣譯者乃誤以天淵為天遠予二人有遠別千里之言譯者又誤傳為永訣益張有善解其語音而少讀書李承盲讀書而不熟華語每觀其傳言日蓋有天淵之隔矣譯者乃誤以天淵為天遠予二人華語而少讀書李承盲讀書而不熟華語每觀其傳言至汗發而猶未達殊可笑是夜宿碧蹄館聞許吏曹談
王喜作詩乃若山川道里浹月所經風物人情五日所始悟其意
得雖不具知六頗記憶成均國學員山枕涯前後殿堂

左右庭階 聖殿在前明倫堂在後四學分東西 官有大小司成徒有上下

至而力益勞。太平館初燕為下馬燕再燕為正燕三燕為上馬燕仁政殿之燕則名私燕也初疑此禮似未當欲與議更張及至乃知太平慕華二館其制皆殿專為奉迎天詔而設無事時王則不造及觀其每來設燕必先於館門外小殿候俟乃入乃知不必更張。比予竣事東歸遄車言邁而王則先出慕華列燕以待語益丁寧而不厭禮益勤渠而匪懈荷脩爵之無算厚善言之至再至誦軸書之重內謬許予黨為皆能及引老氏之贈言自慊其才之不逮意益將贈予以詩句惜不為予黨所解也。是日王以予饋乃假譯者道惠云自我祖宗來凡天使遠臨皆有徵物將意今看二位大人如此我惶恐再不敢言矣但我

則先同姓封君其同姓之賢者皆封君君總謂之王臣其羣臣有武功者亦封君文職有功者封
然亦次乃以及政府六曹獻時王必出席獻湯一進必以
五椀為數禮與華不同王不自進惟此器累疊不以盈尺為高其食
小燔炙之進既八桵不容則徹於蹈藉之席有羞與湆多則累而疊之再進則無桵甚
容處以几桵上者徹置席腥膻既飫乃進以澗泚之毛
閒之地此則其國俗然也
從官皆鵠侍於中外執事者進閤譯則俯伏於周遭者出皆叩頭
皆為烏紗帽黑角帶俯伏捧王坐椅之周通事承旨則
左右俯伏魚伺傳言子子二人生後通事亦俯伏但無
閒者
蓋三燕太平也禮皆同而文不殺一燕仁政也誠蓋

以秫秫米不用雖從事之出青州者殆未能與之優劣色香
溢筆而酋鄒之出平原者遠則不敢望其藩籬類山東酒味絕
之秋露白色香亦同 按抹一字中覆以絹 一字橫列之桉惟中一桉以紅絹覆之上加油紙
于上 左右翼三皆陳餚牢近坐一筵俟即席王乃自舉
布器
初即席見所設坐椅離桉三尺餘莫曉所以及 充盤諸
見王自舉一桉而末乃知其自欲申敬故欻
餚遇當割臣必親操 餚有牛羊承鶩四品皆熟之最後
盖盖之一大臣操刀入割性畢割其大饅頭一盤上以銀 示特殺則牲
頭之皮皆貯小饅頭如胡桃大殊可口
皆獻心取肥甘則腸三實觜 三中實以炙及諸果續獻
羊背肉之上貫羊腸

用燕儀羅蜜餌數至五重絜盤堆大可尺圍每器皆範

銀銅為闌干而綴以綠珠之絡索其上皆萌羅綺為花

葉而舞以絲鳳之攧柂麪為方員餅餌油煎之頓挫周其列五重皆不用果實以蜜和

遒玲瓏壘累高大至尺許衛以白銀或白銅八角闌干綴以絲珠之網其上萌綠羅為四花葉又萌紅羅為四花瓣每瓣周遒以白銅小釘綴之如華之珍珠花樣其頂上乃以銅線纒五絲絲為飛鳳孔雀或飛仙鸞其尾展其翅首皆俯而向實至送折俎則除之

序陳列取宜向背則以外高内低為差 其桉一字橫間列每桉皆然

肴羞以糝食 亦能為華之米糕縻花之類 雜醯醢以醬虀酒則醞釀

外立東向不入執事者報子二人出揖讓入至庭
交揖序坐樂酒獻酬俯辛爵乃領二譯者使言曰詩經
有云隰桑有阿其葉有那既見君子其樂如何我得見
二位大人心中懽喜不盡子二人亦稱其賢且叙謝其
一途次燕接之厚辨即席俯與之禮讓乃云春秋之禮王
人雖徵列于諸侯之上矧二位大人是何等地位皆天
子近臣今日遠臨小邦豈敢不策又微笑謂二譯者曰
汝不曉迎臣謂何乃是皇帝跟前行走的子二人亦笑
答譯者云素聞王讀書好禮今得 門廡殿庭皆踏以席賓
見果然又拱手連稱惶恐惶恐
主座分則加以襲彼章數則虯並偃而戢鱗此織文則
鳳雙飛而展翼
　　　三席執事恒卷以食器也間用金銀銅
　　　隨交拜時各設之
瓷品物也率多海陸珍奇主獻賓一以華禮賓酢主亦

陛殿引王由中階西陛殿天使居東西向王居西東向再拜序坐王之位對副使稍下半席方交拜以成禮遂假譯以傳語謂藩垣實小國之所宜而澳汗辱洪恩之覃溥螻涓埃而莫報雖隕越其何補惟日歌天保之周詩輿遙祝日升之皇祐載詠隰桑之喜見載誦春秋之禮序謂列國皆先乎王人矧清光日近乎當宁也邪譯者張有誠李承音傳言云小國之臣尊事朝廷勤政殿序坐既歡人參湯一盞畢王起身向前顧禮當而蒙勤書奬予如此洪恩難報予二人乃答云朝廷以東國素秉忠敬故典視他國不同又擧手加額連稱難報語畢送予二人出弘禮門乘轎乃退予二人歸至太平館諸陪臣以次見畢王隨來設燕候於館門

腰隅子拜詔時皆或限隔以高山則別構于離宮勤政
以鉤懸掛之也 仁政
一殿皆各為門以入
以為山所限隔故也大抵皆不擇平平壤以為基而惟
視氣勢以為雄也詔至殿庭王則傴僂世子陪臣左右
夾輔展軒縣於階墀列障幕於庭宇 殿前及墀內皆設
白布幕以色尚白
故仗齊一於干鹵樂作止於柷敔齋三聲於虎拜嵩呼
率兩班於鳳儀獸舞雖音聲之不可通而禮儀亦在所
取 禮一準於華加三上香三叩闕庭既撤賜物亦于乃
頭山呼時則侍衛皆拱手應
敘東西乃分賓主 宣詔畢別禮別天使降自中階東至
幕次俟王易服乃引天使由中階東

皆列以幃屏上畫山水竹石
或草書高二三尺臥榻亦然 疎簾則加以半捲香鉤雞
鳴則候問安之使 每日早王遣其國一騎出則鳴夾道
宰相一承旨問安
之騶有緋御以給使令有楮墨以供倡酬益敬主必及
乎使而為禮不得不優也宮室之制與華亦同其塗皆
丹 國無銀硃以丹代之桐油亦無 其覆皆瓯 門廡便殿皆用瓯瓦如華公署所覆者 門三
重則殺杯螺之焜燿 門曰勤政止用金釘及環 前門曰光化二門曰弘禮三殿居
中乃有琉璃之青蔥 綠琉璃餘皆不用 惟正殿曰勤政者用 堂庑嚴七級
之等差 級皆麗麻石凳勢 其陛上以席覆之 綺疏準八窗之玲瓏 壁皆設

海日光化門外東西列鼇山二猿抱子飲巫山峽水兩
肩立一獼筋斗不數相國之熊嘶長風何有鹽車之驥
童子舞庭高與門等極其工巧
沿百索輕若凌波仙子蹁躚驚見跳梁山鬼飾獅象
盡蒙解剝之馬皮舞鷄鷲更簇參差之雉尾蓋自黃海
西京兩見其陳率舞而皆不若此之善且美也 平壤黃
鼇山棚陳百戲迎 州皆設
詔而惟玉京為勝 太平有館在崇禮門內中為殿前為
 重門後有樓東西有廊廡
所以待 天使者鐘鼓有樓在城內四達
之衢甚高大佗佗國中言言道周以
燕以息以遨以遊卧榻則環以八面幃屏 國俗少掛畫
 凡公館四壁

翔鳳之覽輝東望諸山勢皆環拱沙積松根皜乎積雪之初霽自三
角至南山色皆白慕華館設於坤麓崇禮門正乎離位
而徵頫望之如雪慕華館設於坤麓崇禮門正乎離位
慕華館去城八里中為殿前為門凡詔
至王則出迎道左崇禮其國南門也
皇華一以迓會同之文軌詔至也王則袞冕郊迎臣則
簪裾鵲侍巷陌盡為耄倪所擁塞樓臺盡為文繡所衣
被降禮制設彩掛畫樂聲也若緩以嘽虖設也亦華以
街巷人家皆如頒詔
麗沈檀噴曉日之烟霧桃李艷東風之羅綺騈闐動車
馬之音嘽衍出魚龍之戲 以下皆言陳 籠戴山擁蓬瀛
百戲迎詔

旦得國乃請復舊號於朝鮮也本朝洪武二十五年高麗國王王瑤昏迷多敗失眾心國人乃共推門下侍郎李世桂權知國事遣其囧知密直司事趙胖來請命後戊桂更名旦旦以易國號上請上曰東土之號惟朝鮮最美且最久詔改曰朝鮮既得命遂遷都今漢城府以此為留都云

臨津
濟渡 屬長湍府坡州爰止遙瞻漢城高騰佳氣乃經碧

蹄館 臨津江名
名 乃蹄弘濟 樓名是為玉京屹立東鄙莫以三角之嵯

我三角山即王京之鎮山勢最高王宮在陰以萬松之其山腰山巔睥睨望之業業如鋸齒

蒼翠北聯千仞勢豈止壓千軍西望一關路止可容一騎

自弘濟東行不半里天造一關北接三角南接南山中通一騎險莫加馬山開郭外矯然

埴形存畎澮溝塗　舊城內箕子所畫井田形制尚有存者如直路之類是也樹宜禾
麻菽麥厥草乃厭厥木乃喬　柳如中國者藥有鳴蜩草
有秀夔錦繡峯遠接龍山之兀兀　龍山土名九龍山一名曾陽山在錦繡山古之浿水麒
北二十里山頂浮碧樓下瞰浿水之滔滔　大同江即浿水
有九十九池
麋尚餘乎石窟　麒麋石在浮碧樓下世傳東明王乘麒麋入此窟從地中出朝天石上昇今馬
跡尚存駝羊半棄於山腰　駝馬銅皆在荊棘
殿餘故址松偃尼
橋慨往事之莫留如見晛之聿消自王氏王此至瑤昏
迷始權知國事於李氏而名高麗統此者易三四姓及

鎮山自鴨綠東行惟嘉山嶺最高其巔
有曰曉星曰望海皆為使節所經之處而安州又倚乎
瀦渡麗時敗績處又名清川江城內有安興館
川而邑順安勢皆不於原野樓廡肅寧前有樓而館安定
館名鶬地乃稍就寬閒惟彼西京地最夷曠隨勢命名是
順安縣
曰平壤爰自有國已高築臨水之維城曾幾何時又近
移北山之疊嶂也平壤城最古箕子初封時已有之至
高句馱又病其不據險復就北增築
一城東瞰大同江北接錦繡山箕子後傳至漢有名曰
準者為燕人衛滿所逐徙都馬韓之地今無後焉
餘諸州壤多燥赤間有黃壤亦雜沙石惟此近郭土則黏

三代士庶則止祖考此皆自箕子而流其風韻而亦視中國為之則傚也 已上皆見館伴使史曺判書許琮其到風俗帖 凡為城郭皆枕高山間出岡麓亦視彎環大者則聳飛飛之雉堞小者亦雄屹屹之豹闑益自義順而歷宣川 義順館名在義州鴨綠江東岸江即中外界限 宣川郡名在義州東 其間雖有龍虎 郡山名龍川熊骨 山名郡鎮山 鐵山郡 山嶺志書名凌漢 鎮山 之巑岏惟郭山更凌乎霄漢 郭山郡名其城在城 又自新安館名在定江名在博川郡即古 州前有樓 而渡大定 朱蒙南奔至此魚鼈成橋處 又其山雖有天馬 州鎮山名定節博川江 鳳頭之崪嶪 嘉山郡即鳳頭山

僕亦許行以成其孝國俗喪必三年且尚廬墓奴僕例
許行百日之喪有願行三年者亦
聽王都設歸厚之署儲棺槨以濟乎貧窮其國棺槨多
故王都設署便之用松然自一
路觀之中材者似少鄉飲嚴揚觶之文秩豆籩以成其
喧鬧文與華同惟改朝婚媾謹乎媒妁子出再醮者雖
多學亦不得齒於士流之子皆不得入士流登仕版
俗恥再嫁所生及失行婦女門
第最重簪纓世列兩班者或匪夔則皆不為之禮貌先
世嘗膺文武官者謂之兩班兩班子弟止許
讀書不習技藝或所行不善則國人皆非之至若家不
許藏博具棊局雙陸之類民間子弟皆不許習祭則皆立家廟大夫乃祭

賦以結代畝牛耕四日者乃輸四斗之租盡一牛之力耕四日之地

為一士養以類定員身寄二齋者皆食二時之稍館常

結養五百人每三歲以明經取者謂之生員以詩賦取者謂之進士又自南中東西四學升者謂之升學避

北不敢名尊朝廷也生員進士居上齋升學居下齋生員進士須殿試中者乃謂之式年乃入官否則仍養於

成均館式年每三歲止取三十二人官非三品綺繡不得文身紬布不服小官皆服

絲其布之深青色者亦民受一廛禾麻則皆穿窨藏其

不常服燕會時乃用之

遼人其最可道者國有八十之老則男女皆錫燕以覃

亦如每歲季秋王燕八十之老人

其恩於毀妃燕八十婦人於宮子有三年之喪雖奴

新羅百濟肬羅益惟不蹈前人之覆轍所以獨蒙昭代
今皆為所有本朝洪武二年高麗國
之深思也詔許建邦自為聲教
自為聲教賜王王顓表賀即位詔許
以媲紐金印
則搏鵬變豹曰詩曰書視庠視校士窮則辟壺雕蟲官達
酉年會試殿試亦辰戌丑未年
稼技習工巧官多倣古體則給田刑不以宮盜乃荷校
閭宦皆非宮刑惟取劾時傷疾者為之所以甚少惟
盜賊則不輕貸此事以詢諸三四通事所言皆合
遷一以粟布隨居積以為贏用使盡禁金銀雖錙銖而
亦較民間不許儲分文金銀以積粟布之多者為富
室其貿遷交易一以此其國貪官少者亦以此
其國奉朝廷正朔鄉試以子午卯
農勤稼
貿
田

關使事者悉去之猶未能底於簡約意蓋主於直言

敷事誠不自覺其辭之繁且蕪也賦曰

睠彼東國朝家外藩西限鴨江東接桑暾天池殆其南

戶鞨鞈為其北門 其國東南皆際海西北為毛鄰海西建州正北為 八道星分

京畿獨尊翼以忠清慶尚黃海江原義取永安意在固

垣平安地稍瘠薄全羅物最富繁 京畿忠清慶尚黃海江原永安平安全羅 其衰也道里二千延則

皆道名平安即古弁韓地慶尚即古辰韓地全羅即古馬韓地

加倍 其國東西二千里南北四千里誌書云 視古也國封三四今則獨存

欽定四庫全書

朝鮮賦

明 董越 撰

賦者敷陳其事而直言之也予使朝鮮經行其地者浹月有奇凡山川風俗人情物態日有得於周覽諮詢者遇夜輒以片楮記之納諸中筒然得此遺彼者尚多故事道途息肩公署者凡七日以東八站兼程之苦且欲為從者澣衣乃獲參訂於同事黄門王君漢英所紀凡無故兩

年十二月八日泰和歐陽鵬序

傳曰賦者敷陳其事而直言之先生文體有焉而叔孫穆子所稱使職如諏謀度詢必咨于周者備見言表是雖古昔聖王雅歌所陳不過是矣初先生之出祖也鵬嘗竊附贈言有模寫山河誦太平之句蓋深冀先生必有以大鳴國家之盛此先生還朝而鵬守制未獲與聞述作茲幸得覩是賦於邑司訓王君本仁所捧讀數四愉揚莫既本仁故與予同年吳大尹德純為壽梓以傳屬引其端此正門牆效勤時也遂不敢以僭陋辭弘治三

朝鮮賦原序

弘治元年春先生主峰董公以右庶子兼翰林侍講奉
詔使朝鮮國秋八月歸復使命首尾留國中者不旬日
於是宣布王命延見其君臣之暇詢事察言將無遺善
餘若往來在道有得於周爰諮訪者尤多於是遂舉其
所得參諸平日所聞據實敷陳為使朝鮮賦一通萬有
千言其所以獻納於上前者率皆此意而士大夫傳誦
其成編莫不嘉歎以為鑒鑒乎可信而郁郁乎有文也

見其本又別有使東日錄一卷亦其往返所
作詩文然不及此賦之典核別本孤行此一
卷固已足矣乾隆四十六年九月恭校上

　　總纂官臣紀昀臣陸錫熊臣孫士毅

　　總校官臣陸費墀

為之註所言與明史朝鮮傳皆合知其信而
有徵非鑿空也考越自正月出使五月還朝
留其地者僅一月有餘而凡其土地之沿革
風俗之變易以及山川亭館人物畜產無不
詳錄自序所謂得於傳聞周覽與彼國所具
風俗怡者恐不能如是之周匝其亦奉使之
始預詩圖經還朝以後更徵典籍參以耳目
所及成是製乎越有文傳集四十二卷今未

欽定四庫全書　　　史部十一

朝鮮賦　　　　　地理類十 外紀之屬

提要

臣等謹案朝鮮賦一卷明董越撰越字尚矩寧都人成化己丑進士官至南京工部尚書謚文僖孝宗即位越以右春坊右庶子兼翰林院侍講同刑科給事中王敞使朝鮮因述所見聞以作此賦又用謝靈運山居賦例自

詳校官太常寺少卿臣陳桂森

編修臣程嘉謨覆勘

總校官編修臣王燕緒

校對官主事臣陳文樞

謄錄監生臣蕭日昕

欽定四庫全書　史部
　　　　　　　朝鮮賦

康熙壬寅長夏靜觀居士偶錄於圓湛庵中

又得展觀數十年之願，一旦而遂是亦幸也。嗚呼宣道治意補散皇猷公之父章竹業人所莫及韓鋟梓以廣傳於天下可謂能繩其祖武者矣於是乎書

正德辛巳冬十二月望日後學三山周尚文書

跋重刊朝鮮賦

文馨髮時於鄉先達處、得
圭峯文僖公　使朝鮮國所爲賦一帙、授而讀之、
頗成誦、每仰公宏文偉製。　一目卽知其國君臣
之秉禮、聲敎風俗之善、山川景物之秀麗、寶之
如珙璧、歷任途、原本已失、聰明不及前時、向
所記者十忘七八、欲思續之而不可得。　玆冬以
公事至寧都、中書君、韓公之長孫也、重刻是編

朝鮮賦 全

國家混一區宇百餘年來華夷一道而文明之化無遠弗屆先生之盡心王室敷張輿畺之盛因是而不朽云

弘治三年十二月既望吉安府泰和縣儒學訓導桂林王政拜書

之載衣冠文物之制親踈貴賤之體燁然有諸
夏之風而尊崇王室之典視古不變千載遺風一
舉目而可想也且三代無詞章而賦學萌於屈
宋成於賈馬而賈多悲憤之詞馬之長楊羽獵
諸作亦多於誇張大之態如㧞之溫厚典作
可以駕邈風而幾爾雅則無之蓋子真子之言
與涉無公之論不同信今而傳後其文當如是
也請歸壽梓以傳俾海內之士亦以知我

朝鮮賦後序

聖天子紀元之二年歲在己卯過天下賓興之
期余忝膺南京應天府聘較藝場屋于時右春
坊右庶子兼翰林院侍講圭峯董先生春坊贊
善東白張先生定奉
命摠其事公餘嘗請益左右而圭峯先生一旦
出示此帙曰去年春奉使朝鮮之餘功也余受
之莊誦累日竊惟朝鮮乃古箕子之後今茲帙

聖明之所錫而亦由其琛贄之絡繹也嗟夫六
義有賦惟取直陳浹月經行詎得其真知予以
襪綫之菲才不異乎滄海之纖鱗乃能運筆端
之造化寫六合之同春惟不欲厚誣於見聞或
庶幾不愧於詒詞

馬亦無之。文獻通考謂其國人戴折風之巾為王舉輿者戴六角皂帽軟巾六角皆綴白綿袜穿紫絹領足躡尖頭皮履儼如所畫騎唐馬之鞶官意當時所服必皆如此放云一統志謂百濟國出果下馬其高三尺今百濟之國在楊花渡之南岸去王京不過二三十里詢之云久已無產矣但其國中惟有乘之馬者其種類也姑識以俟此國之馬所差小意物者

五葉之蕟蒲花之席五葉蕟即本草所謂新羅蕟蒲花席之草色黃而柔者更佳摺不斷此歲貢闕庭時供

蘇州○

上國百二十年來其蒙晉接之駪藩雖曰本乎

筆其管小如筆筯篝鬟長寸餘鋒穎而為武所尚圓詢之乃黃鼠毫所製非狼尾也

者樺皮之弓短然甚發篝布織以麻而以苧名者蓋出傳聞之誤紙造以楮而以繭認者以其搗練之工舊皆傳其國所出之然為繭造至乃知以楮為之但製造工耳予嘗以火試之而布之精以細密如穀紙所貴在捲束如知其然

筩傳油則可禦雨有以厚紙八幅為一張者通謂之油帳其自連幅則可障風幕隨處皆以白布為障視亦不輕陸行則以馬馱之隨以乃若所謂男子巾幘如唐今則非昔果下之

阑干取其桌左右障土近宝山馆一溪名曰猪滩涧二十馀丈以亦是架之其为梁栋亦为军得直者各为柱亦上此则其种类不同而为用亦下二段各为之

各有适也五金莫宽所产最多者铜地产铜最所谓是高丽铜也以此为之即华五色各随所用所禁

者红以故王禁服御之皆五味则醢酱为多五声则音

韵莫通其国音以烟为燕之类常语则多类得理不甚至以是也以一字作三四字呼者如以直者为圣有二样读书则平声以去如女

为父为阿必母为志所称者狼尾之笔有狼尾之戴额婆之类

杏雀眉山麓二月方中櫻桃盡放李春末晦鬱李皆發落殆盡又行數日過鴨綠江始見有初開者蓋其國漸近東南草多蒼蔚蒙茸樹多輪囷屈蟠石故也以山多沙亦有老松其堅如栢人取為明脂亦不滴如栢松少脂在其材理最堅有黃色花香者一經春皆揉子結者必隔年乃食松皮不甚皺皺枝葉上簣其子之結必隔有之小者盡以駕溪澗之乃可取至京獻道始有水處皆旋橋大者乃以柱廟堂之石取松架橋削其枝為

莖或青或紅紫芹白蒿王鈃及開城人家水蔘味甘酸

之茅當歸之苗松膏之餌山參之糕松皮取其中之白而嫩者和杭米搗之為糕山參搗之煎為餅皆可

餌之艾糕其杭米色白而味香長如指狀如蘿蔔亦取而和杭米粉蒸糕謂之艾糕又三日取嫩艾葉雜杭米

為菹皆以薦釀果則梨栗棗柿榛松杏桃柑橘

梅李石榴葡萄柑橘則全羅道所出之皮則虎豹梨棗榛最多在有之

麝鹿狐貉貂貂皮則土人名獤取以為文茵重裘夭服兮橐花則薔薇躑躅芍藥牡丹酴醾丁

項如鱀但見乾者王遣人送牢禮及逵間設燕皆有之重唇如華之赤眼鰱唇如馬臭肉甚美其子如石首魚子細而且多八稍即江鯉鯽隨湖之壁潮味頗不佳大者長四五尺川澤皆可以檪有之鯽有長尺餘者清川大定臨津漢江諸水皆鱄雀在庭院多見有巢似蛤決明味獨甘於海錯石決明即入藥者其肉列附殼內附如拳紫葳石一名鮑魚殼沿邊有孔生海中有青紫二色與華之所出者美獨勝於山肴葳有掘地去土就根割之子至若異產川陸分馥蘭授許吏曹以採法喜時必以錐皐則有葦管酸漿葉或云即黃精苗味滑而甘未識其苗黃精苗酸漿葉尖

同男郵役皆孀始則甚駭於傳聞今則乃知已
更張豈亦以
聖化之所沾濡有如漢廣之不可方也歟使其未
國時皆傳其俗以孀婦供事館驛于甚惡其瀆
比至則見見來供事者皆州縣官吏婦人則執
爨于驛外之別室相傳此俗自景泰中其國王
琛襲封以後變之遠東韓副総兵斌所談也川
事出舊禽多雉鳩雀鸚獸多麋鹿麕麂鼉一如
志今亦變
山肉甚美錯則昆布海衣蠣房車螯葉綠色海
角不産麝
如紫菜魚則錦文飴項重唇八梢錦文似鮪飴
而大
永如

乃有之王京貧賤者脛不掩於素裳有位而尊乃
許乘輿出入無位雖富止許約馬輕騾二句出
所其風俗襪履布帛足皆縱而不束皮履賤者牛鹿
帖中多用布三四
皮襪
通事說皆同
衣則皆過膝下裳則皆密堂甲見尊亦以蹲踞
為禮賤有事則以首戴為常有頂盂水而手不
扶匡者有戴觥來而步亦趨跨者狀則是所見
而暑陳其未見則莫得而詳也若夫所謂川浴

敬有召命亦蹲跪人必三八乃舉一輿行不一
趨進而答之
舍又易百夫蓋於重皆不能以肩任宜於此皆
以手擧扶也又一輿前後通用二十四人扶翼者
座下橫木同杠亦與華之交椅而足短與
左右夾二長杠亦與華同座下設一橫木兩長與
座人但以布着欲擧時以紅綿布就橫木兩端繞
間之後至前直施長綿布二幅分着人于輿之兩肩
之後駕狀取其不偏女鬢掩耳不見晁璫
如其餘令十數人前攪
出馬之
首戴白氊直壓眉睫自開城府至王京富貴者
皆如此
面乃蔽以黑繒鬆䯻黑繒以蔽其面雖蔽面亦
富貴家女婦首戴一笠如大帽

珠頂或圓方色皆黑鑢與皂則穿四葉青衫項加揷羽庸人則衣數重麻布歩曳長裾惡誼譁則銜枚道路止衝突則曳杖庭除衫皂隷四葉之海二道者如此京讚不然曳杖之人皆選長身青亦戴大帽穿黃色土布員領繫縧但不挿羽履制以皮雖泥行亦所不恤襪縛於袴縱水渉亦所不拘衣皆素白而布綾多麁裳則離披而襞積亦跣背有負則且俯且行有如龜曝男子其俗皆任尊有命則且蹲且進有若皂趍以其俗見人為在肩蹲踞

即夢踏菜園者卿府飲時或用之與夫貧則皆葵
山椒貴乃卜宅郊原自平安黄海一路望山巔
之類然亦不見華表石羊此皆出殊方異俗而不
必深考細論也人露總環以分貴賤其國總髮
結以馬尾以環定品級一品于二品金三品以
下銀廢人則骨角銅蚌之類而已
童留胎髮不間後先有甫孩提而髮已垂肩者
有歲六七而角總丱然者撲其留固以遺體當
重欲其露所以戴弁皆前也民戴草帽領皆丱

雖皆南向然不自中開皆就東廡之楝南向以開以基多高故須梯升其面東西者亦然地則皆畏下濕之沾鋪板以隔若跌坐則皆藉以芧菅帛俗皆席地而坐人設一四方蒲團以布官府則以滿花坐為蒲團其制亦方以綠色紵絲蒙草枕行則人員以隨所不可曉者家不蓄豕蔬不設樊引重則惟見牛馬用馬駄者為多罕畜牧絕不見羊羱鮮食則蹄筌山海蔬茹則采掇江灣道所見皆如是有至老村氓而不一沾豕味者有偶沾燕賜而

以茅茨○其空則塞以泥凡豎而不編以草繩約
之繩約處如網罟之日每一目以一泥凡塞之
王都小卷如此右塗間所見者則全用泥塗
有荊棘反出簷端者有棟宇僅如困盤者此此
鳳凰雖不足千仞之擧而視鷦鷯亦可托一枝
之安也富則陶瓦皆甋而廉序之翼東西者棟
反簀出於南北塗墼皆土而堂寢之位前後者
脊反低下於中間堂寢皆一間廉序門則皆循
東序之棟設梯以升必矩歩乃可達於堂寢門其

百家則出高牆以隔風火每室皆穿北牆以避炎燠蓋其外皆分授於官而貧富不得異制其內乃獲由己而結構惟其所欲也其通衢兩邊甎瓦分授居民其以莫辨其孰為貧富至內其室屋乃有不同者貧亦不殊皆有堂寢皆飾廡隅樓翼櫺檻梁皆侏儒館傅壁間畫塗以水墨不工之盡戶牖合處皆寫以混沌初分之圖此則未必盡然予但據所見而直書也貧壁編篠索綯以完其上則覆

齋升學居者曰下爲生員即三歲以明經取者
進士即以詩賦取者升學即民間俊秀也又謂
之寄西京所不能儴開城所不能偕則在乎祭
齋之寄西京所不能儴開城所不能偕則在乎祭
不像設以瀆亂徒有進造爲朋儕也畿內之景
漢江爲勝樓高礙雲水碧浮鏡渡有楊花物亦
繁盛萃八道之運餉爲一國之襟領最高亭俯
瞰長千百濟國接壤舊境子嘗爲之放舟倚馬
爲一日之遊彼亦自慶其樂事賞心出百年之
幸也達巷通衢正直無曲截然蒼阿端晱華屋

人真修天爵者此回必蒙殊恩此便是我贈言
予二人亦以荷王愛我以德答之予飲未醺乃
領譯者請盡此一杯明日蓋有天淵之隔笑譯為
者乃誤以天淵遠予二人辨其語音而為
之申說王乃笑乃送出門又出酒勸復有逐別
千里之言譯者又誤傳讀書而永訣蓋張有善
華語傳言必讀書李承旨讀書而不熟華語每觀
其傳言而吏曹談發而猶未達殊可笑是夜宿碧歸
館聞許始悟其意王乃若山川道里次月所經風
喜作詩
物人情五日所得雖不具知亦頗記憶成均國
學員山枕渢前後殿堂左右庭階倫聖殿在前明
倫堂在後四
東西分官有大小司成徒有上下寄齋居者曰上
舍分官員進士

竣事東歸遄車言邁王則先出慕華列燕以待
語益丁寧而不厭禮益勤渠而罪懈荷修爵之
無等辱善言之至再至誦軸書之重內綵許予
黨為皆能及引老此之贈記自愧其才之不逮
意蓋將贈予以詩可惜不為予黨所解也王是以
予二人屢卻其饋乃假譯者道怱云自我祖宗
來允天使遠臨皆有微物將意今看二位六人云仁
如此我惶恐再不敢言笑但我聞得古人云仁
者贈人以言不仁者乃贈人以金我既不能為仁
言徒以古之人襄賣心中甚惶恐我又曾記得其
子有云古之人修其天爵而人爵從之二位大

與湯再進則無容處以几案上者徹腥膻既餕
置席間之地此則其國俗然也
乃進以澗沚之毛從官皆鵠侯於中外執事者
叩閤譯則俯伏於周遭閤者皆為烏紗帽氈角
頭事承旨則左右俯伏魚同傳言于王坐椅之周
子二人坐後通事亦俯伏但無閤者蓋三燕太
平也禮皆同而文不殺一燕仁政也誠益至而
力益勞○大平館初燕為下馬燕再燕為正燕三
燕為上馬燕仁政殿之燕則名私燕也
初疑此禮似未當欲與議更張及至乃知太平
慕華二館其制皆殿每為奉迎天詔而設無事
時王則不造及觀其來設燕必先於館比于
門外小殿俟侯乃入乃知不必更張

割臣必親操饌有牛羊豕鵝四品皆熟之最後
蓋匕之一大臣操刀入割牲果剖其大饅頭之
皮中皆貯小饅頭如胡桃大殊可口
示特殺則牲皆獻心取肥甘則腸三寶臀肉之
實以貫炙羊腸及諸果三中續獻則先同姓封君
亦封總謂之王臣其擧臣有功者次乃以及政
君封君獻時王必出席獻湯一盞必以五椀為
府六啇者獻升降王皆隨之
數禮不自進惟此器累疊不以盈尺為高紫甚食
小爌炙之進既几案不容則徹於蹈藉之席蓋肴
多則累而叠之

則以外高內低為差。其按一字橫間肴羞以糁食。亦能為華之。米雜醯醢以醬虀酒則醞釀以杭秫米雖從事之出青州者殆未能與之優劣色香溢算而督卯之出平原者遠則不敢望其藩籬酒味絕類山東之按排一字中覆以絹字一橫列之按惟中一案以紅絹覆之上加油紙于上布器左右翼三皆陳餚牢近坐一遠俟郎席王乃自舉坐椅離案三尺初即席見所設餘莫曉所以及見王故然克盤諸饋遇當而來乃知其自欲申敬獻實一以華禮實酢主亦用燕儀羅家餅數至五重絜盤堆大可尺圖每器皆範銀銅為闌干而綴以綠珠之絡索其上皆剪羅綺為花葉而舞以綠鳳之襯褽和麪為方員餅餡煎之頃銅八角闌干綴以綠珠之至尺許衡以白銀或白銅小綆挫以綠鳳之襯褽其列五重皆不用菓定以蜜花葉又剪紅羅為一花瓣每瓣兩遭以白銅線纏釘綴之如花之珠珠花樣其頂上仍以銅線纏五綵綠為飛鳳孔雀至送折俎則除其尾展其豆邊翅首皆俯而向賓或飛仙鸞取美觀瞻則以前大後小為序陳列取宜鵓背

其葉有那既見君子其樂如何我得見二位大人心中歡喜不盡寻一人亦稱其賢且叙謝其途次燕接之厚俘即席俊與之禮讓乃云春秋之禮王人雖微列于諸侯之上短二位大人是何等地位皆天子跟前行走的予二人亦笑答譯者云素聞二譯者曰汝不曉此臣謂何乃皇帝跟前行走的予二人亦笑答譯者云素聞王讀書好禮今得見果然門廡殿庭皆蹈以席又拱手連稱惶恐惶恐彼章數則虹蜺偃而戢鱗賓主座分則加以龍此織文則鳳雙飛而展翼随三席執事恒卷以食器也間用金銀銅瓷品物也率多海陸珍奇主

補惟日歌天保之周詩裏遙祝曰升之
皇祐載詠隰桑之喜見載講春秋之禮序謂列
國皆先乎王人知卻清光日近乎
當寧也邪勤政殿序坐既歡人參湯一盞畢王
言予小國之臣洪恩難報事予二人乃答云朝廷以勑書
獎予如此洪恩難報語故恩典視他國不同禮門乘轎下退
國素東忠敬故送予二人出弘禮門乘轎下退
連稱難報語畢送予二人出弘禮門乘轎加額
設宴候于舘門外立東句不入乹事者報予二
予二人歸至太平舘諸陪臣以次見畢王隨來
人出迎乃揖讓入至庭交揖序坐舉酒獻酬將
卒爵乃領二譯者使言曰詩經有云隰桑有阿

伏齊一於干鹵樂作止於祝鬮齊三聲於虎拜嵩呼率兩班於鳳儀獸舞雖音聲之不可通而禮儀亦在所取頭一準於華加三上香三叩頭山呼時則侍衛皆拱手應關庭既撤賜物亦予乃序東西乃分賓主詔畢引禮引天使降自中階東至幕次俟王易服乃引天使由中階東陛殿引王由中階西陛殿天使居東西向王居西東向再拜方交拜以成禮序坐王之位對副使稍下半席遂假譯以傳語謂藩垣實小國之所宜而澳汗辱洪恩之單溥螢涓埃而莫報雖殞越其何

前門曰光化二門曰弘禮三殿居中乃有琉璃門曰勤政上用金釘及環琉璃之青蔥皆惟三殿曰勤政者用綠之青蔥琉璃餘皆不用堂妃殿七級之等差甚陡上以席麓蔗之勢綺跪準八窓之玲瓏東殿皆麗石甓勢綺跪準八窓之玲瓏東殿西壁皆設腰偶拜詔或限隔以高山則別構時皆以鈎懸掛之也一殿皆各為門大抵皆不擇以離宮以勤政仁政入以為山所限隔故也乎平壙以為基而惟視氣勢以為雄也詔至殿庭玉則偏僂世子陪臣左右夾輔展軒縣於階埠列障幕於庭宇布幕以色尚白故也殿前及埠內皆設白

仡仡國中言言道周以燕以息以邀以遊卧榻則環以八面幃屏國俗八掛畫几公館四壁皆草書高二三㪷簾則加以半捲香鉤雞鳴則候尺卧榻亦然每日早王遣其國一騎出則鳴夾道問安之使宰相一承旨問安之騶有緝御以給使令有楮墨以供唱酬蓋敬主必及乎使而為禮不得不優也宮室之制與華亦同其塗皆丹代之桐油亦無其覆皆甋甎門便殿皆用甋瓦如華門三重則設杯螺之焜燿公署所覆者

鰲山擁蓬瀛海日光化門外東西列鰲山二猿抱子飲巫山峽水一童子舞巤筋斗不數相國之熊嘶長風何有鹽車之驥沿百索輕若凌波仙子蹣躚驚見跳梁山鬼篩獅象盡蒙解剝之馬皮舞鵁鶄更簇恭羞之雄尾蓋自黃海西京兩見其陳率舞而皆不右此之善且美也○平壤皆設鰲山棚陳百戲太平有館在崇禮門迎詔而唯王京為勝門內為殿黃州皆設鰲山棚陳百戲太平有館在崇禮門前為重門後有樓東西有廊廡所以待天使者鍾鼓有樓在城內甚高大

慕華館設於坤麓崇禮門正乎離位慕華館去
為殿前為門凡　　詔至王則出迎道左崇一以
禮其國南門也
慰周爰之皇華一以迓會同之文軌
詔至也王則袞冕郊迎臣則簪裾鵠侍巷陌畫
為耄倪所擁塞樓臺畫為文繡所衣被家皆如
頒降禮制樂聲也右綏以嘽虞設也亦華以麗
設彩掛畫街巷人
沈檀噴曉日之烟霧飛李艷東風之羅綺駢闐
動車馬之音曼衍出魚龍之戲百戲迎　詔鰲

朝鮮既得命遂遷都今臨津濟渡臨津江名坡
漢城府以此爲留都云屬長端府
漢城府以此爲留都云屬長端府
州爰此遙瞻漢城高騰佳氣乃經碧蹄名館乃躡
弘濟樓是爲玉京屹立東鄙眞以三角之嵯峨
三角山即玉京之鎭山勢最高玉宮在蔭以萬
其山腰山巓睥睨望之集業如鋸齒
松之蒼翠北聯千仞勢豈止壓千軍西望一関
路止可容一騎自弘濟東行不半里天造一関
險爲莫山開郭外矯然翔鳳之覽輝勢皆環拱
如爲莫山開郭外矯然翔鳳之覽輝勢皆環拱
北接三角南接南山中通一騎
東望諸山沙
積松根皜乎積雪之初霽白而皸頹迤之如雪
自三角至南山色皆

皆戴軟羅巾垂一帶青襴
衫皆尖頭方底皮鞋有襪東有箕祠禮設木主
題曰朝鮮後代始祖蓋尊檀君為其建州之可
擬而風氣固陋亦非西京之可肩蓋王氏王此
者踰四百年至瑤昏迷始權知國事於李氏而
名高麗統此者易三四姓及旦得國乃請復舊
號於朝鮮也本朝洪武廿五年高麗國王王瑤
下侍郎李成桂權知國事遣其國事知密直司
事趙胖來奏成桂更名旦且以易國號上請
請命後成桂更名旦且以易國號上請詔改曰
上曰東夷之號惟朝鮮最美且最久

嗚蜩草有秀蔓錦繡峰遠接龍山之兀兀○大名

九龍山一名魯陽山在錦繡山浮碧樓下瞰湏○大名
北二十里山頂有九十九池

水之湄七大同江即麒麐尚餘于石窟在浮碧
朝天石上昇今馬跡尚存麒麐馬入此窟從地中出
樓下世傳東明王乘麒麟

駞羊半斃於山腰儁時石馬銅殿餘故址松偃
駞皆在荊棘設像

危橋慨往事之莫留如見晛之車消孔庭設像○

皆冕而裳亦有青衿濟ㄥ道旁軟羅巾幘帶飄且○

揚○皮草襪優底尖而方侯則翔躬進則趨蹡徒生

地乃稍就寬閒惟彼西京地最夷曠隨勢命名
是曰平壤爰自有國已高築臨水之維城魯幾
何時又近移北山之疉嶂也初封時已有之至
高句驪又病其不據險復就北增築一城東瞰
大同江北接錦繡山箕子後傳至漢有名準
者為燕人衛滿所逐徙都自餘諸州壤多燥赤
馬韓之地今無後為
間有黃壤亦雜沙石惟此近郭大則黏埴形存
畎澮溝塗尚有存者如直路之頮是也樹宜禾
麻菽麥蔬草乃廡歟木乃喬柳如此乃有高
舊城岡箕子野畫井田形制
者為燕人衛滿所逐徙都自餘諸州壤多燥赤
中國者葉有

其間雖有龍虎山名龍川熊骨山名鐵山之嶺岘惟郭山更凌乎霄漢郭山郡名凌漢城在山巔又自新安州館前有樓而渡大定江名即古朱蒙南奔至此搏川江成橋處其山雖有天馬州山名定鳳頭又篩魚鱉橋處其山雖有天馬州山名定鳳頭之嶺即嘉山郡鎮山自鴨綠東行惟嘉之嶺山最高其巔有曰曉星曰望海皆為使節所而安州又倚乎澾湲上安州城下瞰薩水即隋經之處而安州又有安興館又名郡蕭川而邑順安師伐高麗時敗續處又名郡蕭川而邑順安清川江城內有安興館皆不於原野樓蕭寧前有樓蕭寧館而館安定順安縣屬

之禮貌○以先世嘗兼文武官者謂之門班兩班
則國人子弟止許讀書不習技藝或所行不善
皆非之至若家不許藏博具間碁局雙陸之類民
祭則皆立家廟大夫乃祭三代士庶則止祖考○
此皆自箕子而流其風韻而亦視
中國為之則傲也判書許琮具到風俗帖爲
城郭皆枕高山間出岡麓亦視彎環大者則聳
飛匕之雉堞小者亦雄屹匕之豹關盖自義順
而歷宣川江郎華夷界限宣川郡名在義州東
義順館名在義州鴨綠江東岸

每歲季秋王燕八十之老人子有三年之喪雖
于殿妃燕八十婦人於宮
奴僕亦許行以成其孝○國俗喪例許行百日之廬
喪有顧行三年者亦聽行
年者亦似必故王都設署便之○
貧窮其國棺槨多用松然自一路觀之中鄉飲
王都設婦厚之署儲棺槨以濟乎
嚴揚解之交秩豆邊以戒其喧鬧改文與朝廷同唯二
字爲國婚婿謹乎媒妁子出再醮者雖多學亦
家爲材者似必故
不得齒於士流俗皆不得入士流登仕版
門第最重簪纓○世列兩班者或匪曩則皆不爲

耕四日者乃輸四斗之稅四日之地為一結士養以類定賦身寄二齋者皆食二時之稍餾常養五百人每三歲以明經取者謂之生員以詩賦取者謂之進士又自南中東西四學升者謂之升學四學避北不敢名尊朝廷也生員進士居工齋升學居下齋生員成官非三品乃謂之式年每三歲止取三十六人均舘式年乃入官否則仍養於成官非三品均謂之式年每三歲止取三十六人乃用民受一廛禾麻則皆穿窄綺繡不得文身之深青色者亦不常服燕會時之用民受一廛禾麻則皆穿窄道者國有八十之老則男女皆錫燕以單其恩

高麗國王王顓表賀即位詔許曰詩曰薄視庠
自為聲教賜以龜紐金印
視校士窮則辟壺雕蟲室達則搏鵬變豹奉其國
朝廷正朔鄉試以子午卯酉年會農勤稼穡技
試殿試亦辰戌丑未年
習工巧官多倣古俸則給田刑不以宮盜乃荷
校甚少惟盜賊則不輕貸此事以詢諸三四通
事所言賀邊一以粟布隨居積以為贏用使盡
皆合
禁金銀雖錙銖而亦較以積粟布之多者為富
室其貿遷交易一以此其國田賦以結代畝牛
貪官少者亦以此

鞨為其北鄰其國東南皆際海西北為八道建州正北為毛隣海西

星分京畿獨尊翼以忠清慶尚黃海江原義取

永安意在囙垣平安地稍瘠薄全羅物最富繁

京畿忠清慶尚黃海江原永安平安全羅皆道

名平安郎古升韓地慶尚即古辰韓地全羅即

古馬韓地其裏也道里二而延則加倍千里南北四

韓地其裏也道里二而延則加倍千里南北四

千里誌視古也國封三四今則獨存毗新羅百濟

書云盖惟不踏前人之覆轍所以獨蒙

為所有

昭代之深恩也 詔許建邦自為聲教 本朝洪武二年

有得於周覽諮詢者遇夜輒以片楮記之納諸巾笥然得此遺彼者尚多竣事道息肩公署者凡七日以東八站無程之苦且欲為乃獲恭訂於同事黃門王君漢英所紀凡無關使事者悉去之猶未能底於簡約意蓋主於直言敷事誠不自覺其辭之繁且蕪也

賦曰
　瞻彼東國
　賦家外藩西限鴨江東接桑墩天池殆其南
朝

朝鮮賦

奉議大夫右春坊右庶子兼翰林院侍講
寧都董越撰
賜進士文林郎知泰和縣事石埭吳
　　必顯刊行
徵仕郎中書舍人孫男韓重刊

賦者敷陳其事而直言之也予使朝鮮經行
其地者浹月有奇凡山川風俗人情物態日

先生必有以大鳴

國家之盛比先生還

朝而鵬守制未獲與聞述作茲幸得觀是賦於

邑司訓王君本仁所捧讀數四揄揚莫既本仁

敬與予同年吳大尹德純為壽梓以傳屬引其

端此正門墻效勤時也遂不敢以僭陋辭

弘治三年十二月八日

賜進士第翰林院庶吉士門人泰和歐陽鵬拜

賦一通萬有十言其所以獻納於
上前者牽皆此意而士大夫傳誦其成編莫不
嘉歎以為鑒戒乎可信而郁乎有文也傳曰
賦者敷陳其事而直言之先生文體有為而叔
孫穆子所稱使職如諏謀度詢必咨于周者儕
見言表是雖古昔
聖王雅歌所陳不過是矣初先生之出祖也鵬
嘗竊附贈言有模寫山河誦太平之句蓋深冀

朝鮮賦序

弘治元年春先生圭峰董公以右庶子兼翰林侍講奉

詔使朝鮮國秋八月歸復使

命首尾留國中者不旬日於是宣布

王命迎見其君臣之暇詢事察言將無遺善餘

若往來在道有得於周爰諮訪者尤多於是遂

鑒其所得恭諸平日聽聞據實敷陳為使朝鮮

明董圭峰先生朝鮮賦

圓湛葊朱文玉手錄